Yannick Abate Akoa

Nous Avons choisi la vie

Yannick Abate Akoa

Nous Avons choisi la vie

La Simplicité de l'Évangile de Christ

Éditions Croix du Salut

Impressum / Mentions légales
Bibliografische Information der Deutschen Nationalbibliothek: Die Deutsche Nationalbibliothek verzeichnet diese Publikation in der Deutschen Nationalbibliografie; detaillierte bibliografische Daten sind im Internet über http://dnb.d-nb.de abrufbar.
Alle in diesem Buch genannten Marken und Produktnamen unterliegen warenzeichen-, marken- oder patentrechtlichem Schutz bzw. sind Warenzeichen oder eingetragene Warenzeichen der jeweiligen Inhaber. Die Wiedergabe von Marken, Produktnamen, Gebrauchsnamen, Handelsnamen, Warenbezeichnungen u.s.w. in diesem Werk berechtigt auch ohne besondere Kennzeichnung nicht zu der Annahme, dass solche Namen im Sinne der Warenzeichen- und Markenschutzgesetzgebung als frei zu betrachten wären und daher von jedermann benutzt werden dürften.

Information bibliographique publiée par la Deutsche Nationalbibliothek: La Deutsche Nationalbibliothek inscrit cette publication à la Deutsche Nationalbibliografie; des données bibliographiques détaillées sont disponibles sur internet à l'adresse http://dnb.d-nb.de.
Toutes marques et noms de produits mentionnés dans ce livre demeurent sous la protection des marques, des marques déposées et des brevets, et sont des marques ou des marques déposées de leurs détenteurs respectifs. L'utilisation des marques, noms de produits, noms communs, noms commerciaux, descriptions de produits, etc, même sans qu'ils soient mentionnés de façon particulière dans ce livre ne signifie en aucune façon que ces noms peuvent être utilisés sans restriction à l'égard de la législation pour la protection des marques et des marques déposées et pourraient donc être utilisés par quiconque.

Coverbild / Photo de couverture: www.ingimage.com

Verlag / Editeur:
Éditions Croix du Salut
ist ein Imprint der / est une marque déposée de
OmniScriptum GmbH & Co. KG
Bahnhofstraße 28, 66111 Saarbrücken, Deutschland / Allemagne
Email: info@editions-croix.com

Herstellung: siehe letzte Seite /
Impression: voir la dernière page
ISBN: 978-3-8416-1963-1

Copyright / Droit d'auteur © 2016 OmniScriptum GmbH & Co. KG
Alle Rechte vorbehalten. / Tous droits réservés. Saarbrücken 2016

Nous avons choisi la vie.

ABATE AKOA YANNICK

2015

TABLE DES MATIERES :

CHAPITRE I   ___ Marion Mekele.. 4
CHAPITRE II   ___ Rencontre mémorable au Bois Saint Anastasie........ 17
CHAPITRE III   ___ Seconde chance.. 26
CHAPITRE IV   ___ Léa Sinelle... 39
CHAPITRE V   ___ Le choix de la vie... 62

CHAPITRE I

Mon cher et tendre, toi mon intimité la plus secrète, toi à qui je ne saurais mentir même si je le désirais de toute ma force ! Te rappelles-tu encore de la période de l'arrière-saison, de ce temps de confusion et d'incompréhension, qu'on croyait annoncer notre déclin, mais qui, au contraire, nous préparait aux jours de réjouissance ? Maintenant que tu es parfait en beauté et en pureté, n'as-tu donc plus aucun souvenir des douleurs de l'accouchement, des meurtrissures augurant la joie d'avoir gardé ton trésor sans souillure jusqu'à la fin ? Vois-tu, pour ma part, je n'ai rien oublié. Je me souviens encore de ces jours crépusculaires, précurseurs de la nuit sombre et effrayante, ces moments de terreur, où nous cherchions avec acharnement la lumière donnant la vie aux hommes, ayant en nous cette profonde conviction qu'elle se trouvait au commencement de toutes choses. Alors nous fouillions et essayions désespérément de trouver dans un passé lointain et sourd à nos doléances, la sagesse dévoilant le mystère de notre présence sur cette terre en souffrance. Et pourtant, ce fut inexplicablement la fin de l'histoire qui nous permit de plonger, le temps d'un instant, les yeux sur le but ultime de sa création. L'épilogue s'était en fait avéré être la révélation à l'homme de sa véritable identité. Souviens-toi de cette période de grande obscurité, de perversion du monde tel que nous l'avions connu et aimé. La plupart alors feignaient d'ignorer la Vérité, mais leur conscience ne manquait pas de leur en rendre témoignage. C'était l'époque d'or de la religion et de la convoitise, répandant dans le monde leurs fruits amers et destructeurs faits de haine, de division, de destruction et de méchanceté. Nous étions entré dans un âge de compromission et de dissolution, caractérisé par la métamorphose subite et radicale de la chair en pierre, du naturel en artificiel, du créateur en pitoyable image de ses créatures, de la vérité en réalité. Toutefois, même en cette ère de fausseté, dans nos cœurs le vrai existait encore, ayant pour témoins les simples d'esprit, sans aucun intérêt manifeste ni attrait pour les regards, rebuts du monde, mais pourtant amis de Dieu.

Marion, en ce jour dominical, avait le cœur qui battait la chamade. En effet, pour la première fois de sa vie réglée avec minutie, telles les aiguilles d'une montre suisse, il accusait du retard dans ses entreprises. Le jeune homme de vingt-huit ans avait réservé en journée un billet à bord du bus N°6 du *Bureau Camerounais des Voyages*, à destination de la capitale économique camerounaise ; où les membres *de Jeunesse en Christ* - une assemblée de jeunes chrétiens pour la plupart orphelins - l'attendaient le jour suivant, afin qu'il préside le repas du Seigneur, comme il le faisait chaque début de mois. Malheureusement, au lieu-dit *Carrefour des Brasseries*, situé à quelques kilomètres du grand stationnement routier de Mvan qui desservait le littoral du pays, à l'instar des villes de Pouma, Edéa, et Douala, le véhicule clandestin le transportant avait été stoppé net par un contrôle de police. Ils furent par conséquent stationnés une trentaine de minutes, pénétrés par l'odeur forte de maïs en fermentation émanant des gigantesques tubes métalliques à la vapeur blanche de l'industrie brassicole; jusqu'à ce que le chauffard, dépourvu de permis de conduire, décide de glisser un billet de mille francs dans la main de l'élément des forces de l'ordre corrompu, depuis le lieu dans lequel ils s'étaient retirés pour entamer leurs pourparlers. Aussi, au sortir de ce désagrément, tel un forcené, Mekele Marion avait vite fait de traverser au pas de course le carrefour à quatre voies de Mvan et son sempiternel embouteillage, difficilement maîtrisé par les agents de la police de la circulation ; si bien que, les yeux fixés sur l'horloge numérique de son téléphone androïde, il évita in extremis de renverser le plateau de pastèques découpées en quartier, sur la tête d'une vendeuse ambulante venant à contre-sens. Celle-ci, après avoir piaffée, lui lança un regard belliqueux qui n'eut pas l'effet escompté, le jeune homme, à la silhouette imposante et à la démarche altière, fendant l'air pareil à un éclair.

Un monde fou avait pris d'assaut la vaste gare routière, située en périphérie du centre-ville. La chaussée, défoncée et parsemée d'innombrables et importants nids de poules, était envahie par un grand flux de personnes et de biens se mouvant anarchiquement dans tous les azimuts ; de telle sorte qu'il était devenu quasiment impossible de discerner la partie centrale de la route d'avec son trottoir. Une longue file indienne de véhicules de tout gabarit, peints pour la moitié en jaune-taxi, aux ronflements d'une autre époque dénotant leur vétusté, et aux malles arrières béantes, du fait de la quantité abusive de marchandises qu'elles contenaient, se perdaient dans cette véritable marée dynamique et disparate, dont la clameur des transporteurs passionnés, et les sons dissonants des marchandises des commerçants, donnaient vie au carrefour. La rue principale, desservant la nationale N°1, était limitée de part et d'autre par une succession chaotique et camerounaise d'étalages de vêtements et de gadgets beaucoup plus inutiles qu'utiles, exposés à l'intention des voyageurs ;ainsi que d'agences de voyages séniles, construites en matériaux de fortune défraichis et usés par le temps, incapables de contenir les véhicules ,les personnes ,les brouettes, les bananes plantains , ignames, et maniocs qu'ils vomissaient jusqu'en bordure de la voie pratiquée, rendant la circulation encore plus précaire. Les chargeurs robustes, arborant les gilets de leurs employeurs respectifs, cumulaient en même temps la fonction de démarcheurs ; exhibant fièrement leurs carnets de reçus à tous les passants, auxquels ils proposaient des prix promotionnels, à condition de voyager dangereusement sur la banquette arrière de leurs véhicules préhistoriques. Cette ambiance désordonnée qui nous faisait nous sentir chez nous, dans le pays de « Papa Paul », sous un air de musique de balafon provenant des bars et buvettes ne désemplissant jamais, s'interrompait net à l'agence *Elégance du Noun*, voilée par un épais nuage de fumée blanche à l'odeur attrayante, s'échappant des grillades de porcs, de bœufs et de poissons frais jouxtant les temples de Bacchus.

Il était dix-huit heures et quelques, lorsque Marion atteignit *La Grande Galerie Royale* et son atmosphère pondérée, séparant le côté chic et peu fréquenté du quartier Mvan de son bidonville. La vaste esplanade recouverte de pavés, servant de devanture à des agences de voyage de haut standing, était parsemée de kiosques, jumelant paris sportifs et transferts de crédits téléphoniques. On y retrouvait en plus grand nombre des jeunes désillusionnés, en quête d'enrichissement chimérique par tous les moyens, tristement joyeux de se dépouiller légalement de leurs dernières piécettes. Le terrain découvert, s'étendant sur plusieurs centaines de mètres, donnait ensuite sur le *Bureau Camerounais de Voyages* et ses installations.

Soudain, le temps, pourtant généreux jusqu'ici, s'était mis à bouder, forçant les commerçants à la sauvette, et les porteurs de brouettes, énervés et maugréant contre la nature, à se carapater derrière les abris de fortune ; dans lesquels on entreposait les vivres et les colis à l'arrivée ainsi qu'au départ. Le ciel empourpré, peignant les vieux murs ternes et les toitures poussiéreuses des bâtisses de la cité capitale d'une couleur sépia scintillante, s'était obscurci ; accompagné dans son élan par les bourrasques de vent de la saison pluvieuse, qui faisaient à chaque fois pleurer les grands arbres longeant le côté droit de la route, plantés afin de protéger les habitations en hauteur du climat capricieux. Ainsi, les larmes abondantes et vertes des gardiens du site voltigeaient au loin, se répandant par centaines, par milliers, à l'endroit où la bise les déposait, envahissant par la suite la rue et les fosses avoisinantes. Elles s'infiltraient aussi dans les buvettes et les agences de voyage, souillant l'air ambiant jusqu'à se coller de temps à autre sur les binocles de Mekele. Pour éviter les feuilles mortes, il avait vite fait de soulever le col de son manteau de soie, cachant de la sorte sa vieille cicatrise d'enfance en forme de huit. Il s'était ensuite servi du magazine de société qu'il avait entre ses mains comme couvre-chef, afin de protéger sa chevelure lisse et soigneuse. Derrière ses lunettes embuées, assemblées par une monture en or, des yeux d'un gris chatoyant cernés de noir, se mariant à merveille avec sa peau brune, s'efforçaient, malgré le courant d'air glacial et violent, de distinguer au loin l'entrée de la salle d'embarquement VIP de l'agence de voyage. Le binoclard, arrivant difficilement à contenir son grelotement, accéléra conséquemment le pas, se peinant à adopter une allure empressée, contraire à ses habitudes. En effet, Marion aimait être maitre de son temps. Il se plaisait à tout contrôler, à tout prévoir, à tout comprendre.

Ressortissant de la tribu des *Mvog Atangana Mballa*, l'une des plus grandes familles ewondos de la région du centre, le jeune homme béti avait hérité de son grand-père le nom même du fondateur de leur canton. Dans un cadre plus restreint, il était le dernier d'une longue lignée d'éminents « homme de Dieu », ses ascendants ayant consacrés, en majeure partie, leurs vies à l'activité pastorale. Pour la petite histoire, son aïeul, suite à des études poussées en théologie juive et naturelle, avait, à son retour des États-Unis en compagnie de sa femme indienne, posé la première pierre de la congrégation protestante *The Gift of Heaven*, avec à l'époque un nombre de fidèles en deçà de la cinquantaine. Aujourd'hui, ses parents dirigeaient l'une des communautés religieuses les plus influentes et les plus prospères du pays. L'église, dont les croyants en constante augmentation ne pouvaient désormais plus être dénombrés, étendait ses tentacules dans les dix provinces du Cameroun et même en dehors, ayant, au prix de campagnes médiatiques sans pareil, commencé à se faire connaître outre-Atlantique.

Ceci eut pour incidence le fait que, dès sa prime enfance, alors que son père n'était encore qu'un aide pasteur, sous le regard rigoureux et plein d'attente de son grand-père, Mekele apprit à soigner son image en public, travaillant son charisme et son assurance. Le quarteron, deuxième-né de ses parents et unique garçon, déjà pressenti pour tenir les rênes de « l'entreprise familiale » comme le faisaient ses parents, et avant eux leurs parents, avait pour sa part bénéficié de l'enseignement en particulier des figures de proue de l'éveil spirituel en Afrique francophone. Il fréquenta du primaire au supérieur dans les plus fastueuses et huppées institutions catholiques sous régionales ; pour à la fin de ses études universitaires, s'envoler à destination de l'Europe, où il obtint sa maitrise en théologie comparative, dans la prestigieuse université de Fribourg en Suisse.

Aussi, à son retour, Marion, très jeune d'apparence, mais déjà aguerri dans l'art du langage, se mit à accompagner son grand-père dans ses différents rassemblements religieux et séminaires à travers le monde, clôturant de la sorte son apprentissage théorique de la spiritualité avec la pratique sur le terrain. Mekele, avec le temps, et les heures incalculables d'étude et de cours bibliques, était arrivé à maitriser les saintes lettres au bout des doigts. Plus rien en ce qui concernait le domaine religieux n'avait de secret pour lui. Et du fait de son talent inné d'orateur, transmis de génération en génération depuis ses ancêtres paternels les plus éloignés, il savait, sous une musique méditative d'orgue associée à une atmosphère pieuse, comment faire rire, pleurer, culpabiliser ou réfléchir ; de sorte qu'il avait déjà à son actif plusieurs âmes acquises au Seigneur Jésus, et dont il pouvait se targuer d'être le père spirituel.

Cela faisait deux ans que Mekele s'était vu confié, conséquemment au vote du collège pastoral, les postes cumulés de pasteur des jeunes et président de *Jeunesse en Christ*, la cellule nationale des adolescents de la congrégation. L'unique responsable de moins de la trentaine figurant dans les annales de la communauté, avait d'ores et déjà ce que plusieurs de ceux qui se disaient bergers du peuple de Dieu recherchaient effrénément, même au prix de leurs âmes : une foule incomptable d'ouailles, prêtes à lui obéir au pied de la lettre, et qui prenaient le moindre de ses désirs telle une volonté divine. Marion Mekele, emporté par le train à grande vitesse des responsabilités du leadership, ne s'était jamais donné ne serait-ce qu'une minute de repos. Il n'avait, en aucun temps, marqué un arrêt, lancé un regard introspectif derrière lui, pour savoir si au moins la route parcourue en valait la peine. Il était arrivé au point où, convaincu d'être la personne idéale, il s'apercevait et érigeait son identité à travers les regards révérencieux des autres ; en particulier des ainés de la congrégation, sous l'emprise dictatoriale de sa famille. Tout son entourage n'arrêtait de tarir de dithyrambes à son encontre. Chaque jour de culte, les pasteurs et évêques qui défilaient sur le pupitre prenaient son exemple, en vue d'exhorter les plus jeunes au service de l'église à plein temps. Quant aux parents, lorsqu'ils voulaient corriger leurs enfants récalcitrants ou leur inculquer des valeurs morales, leur unique recours se trouvait encore être lui. Ce prototype même de l'enfant de Dieu, comme pour assoir son caractère parfait une bonne fois pour toute dans la mentalité asservie des fidèles, s'était vu octroyer une place à la chambre haute. Il s'agissait d'un balcon en forme circulaire, servant de prolongement au chœur de la cathédrale, où trônaient uniquement les évêques, les anciens et autres ministres éminents de la congrégation.

Ainsi, de la somptueuse et luxueuse avancée meublée de chaises capitonnées et dorées sur leurs rebords, le jeune homme aux apparences princières encore sous l'ombre, assistait aux grandes fêtes religieuses, et célébrait les bénédictions nuptiales des jeunes couples. Fort de toutes ces promotions, découlant plus de ses avantages naturels que d'une quelconque élection divine, son image devenait de plus en plus familière pour les populations chrétiennes, propagée par le biais de la télévision, ainsi que des brochures de leurs séminaires payants, que les fidèles volontaires distribuaient et collaient sur les murs et poteaux longeant les rues les plus fréquentées ; sans oublier les plaques publicitaires des grands carrefours, que la riche dénomination avait désormais monopolisé à prix d'argent.

Le jeune privilégié du sort avait un avenir radieux tracé devant lui, un futur que rien ni personne ne pouvait changer. L'Église familiale, déjà florissante du fait des dimes et des offrandes de ses fidèles, comme des dons des visiteurs occasionnels ; sans omettre la vente de ses médecines miracles, des cd produits par sa chorale reconnue internationalement, et de ses enseignements sur internet, s'apprêtait à franchir un nouveau cap. En effet, le conseil pastoral venait de décider de l'étendre en véritable industrie, lui donnant désormais une orientation sociale et éducative, au-travers de la production de magazines et brochures hebdomadaires présentant la congrégation, ainsi que l'ouverture d'établissements scolaires incluant des orphelinats. De ce fait, Marion brulait d'impatience ; il rêvait déjà de la chaire centrale et des habits sacerdotaux d'archevêque de l'église, baignant dans les honneurs qui allaient avec.

Toutefois, il savait par contre que, nonobstant la facilité qu'il avait aisément hérité du destin, joint aux avantages dont il jouissait, il ne pouvait déroger aux normes qui régissaient l'organe de décision, à l'instar de la condition sur l'âge, permettant de prétendre au rang d'aide pasteur tout d'abord, et de pasteur principal ensuite. Dans trois ans, sans aucun doute, les choses se décanteraient toutes seules, et il pourrait enfin apporter sa pierre personnelle à l'édifice. Cependant, cette année, il devait remplir l'une des conditions sine qua non pour atteindre son objectif : le mariage. En ce qui le concernait, Mekele ne voyait aucun défaut à son statut de célibataire, savourant sa liberté d'user à sa guise des jeunes filles innombrables, même étrangères à la communauté, qui gravitaient autour de lui. Mais la congrégation avait une toute autre approche. En effet, en vue de se voir nommer aux postes les plus élevés, on avait obligation de donner l'image parfaite de la réussite autant sociale, matérielle que spirituelle. Pour Marion, cela n'était qu'une formalité, une belle carapace ornementale qu'il porterait occasionnellement, dans le but d'attirer le plus grand nombre de prosélytes dans leurs bâtiments. Mekele n'abandonnerait jamais sa vie de Don Juan, se plaisant à empiler ses trophées féminins dans chaque contrée visitée, avec une certaine satisfaction extatique.

Une fois dans le grand complexe routier contenant les installations du *Bureau Camerounais de voyages*, Marion emprunta sur quelques mètres le vaste corridor carrelé, qui servait non seulement de hall public aux centaines de passagers fidèles à l'agence de renommée nationale, mais encore de cloison entre l'hôtel et la salle d'embarquement avant-gardiste, allouée à ceux qui réservaient en première classe. Le couloir, aéré par plusieurs climatiseurs, disposés à chaque jointure des murs épais de couleur blanchâtre tapissés d'annonces diverses, était envahi par une marée humaine en mouvement, essayant tant bien que mal de s'ordonner dans les quatre rangs tortueux et disparates qui se terminaient au guichet d'enregistrement. Le jeune homme de la vingtaine dépassa le box où se trouvait la caisse, et prit directement à sa droite, ignorant du regard la salle d'attente des voyageurs de la classe normale, meublée de chaises métalliques ; son œil se promenant furtivement dans le parking voyageur en contrebas, doté de téléviseurs placés au-dessus des allées entre les rangées de bancs en bois rouge. Ces écrans permettaient aux passagers et à leurs accompagnateurs de s'évader le temps d'un instant, oubliant temporairement les bruits désagréables qui provenaient des klaxons des lourds engins roulants, qui se relayaient sans interruption sur les trois terminaux de l'agence ; même si ceci n'était rien comparativement au brouhaha orchestré par les commerçants ambulants, utilisant toutes formes de moyens de communication, afin d'attirer l'attention de potentiels clients. Ainsi, lorsque les vendeurs de friandises et de livres criaient à gorge déployée, leurs homologues, spécialisés dans les ustensiles de cuisine et le matériel de maison, se contentaient de faire tinter les verres et les louches en métal. À quelques pas de là, sur l'aire de manœuvre, les mécaniciens, en tenues sales et crasseuses estampillées du nom de la société, s'attelaient avec assiduité à la réparation des pannes de certains bus en stationnement, une panoplie d'outils de mécanique entre les mains. Mekele entama le tapis rouge menant au salon VIP, et à son terme, après avoir présenté son billet de réservation et être passé préalablement au détecteur de métaux, les cordelettes de sûreté se refermant derrière lui , il fut invité à rejoindre l'intérieur de la salle climatisée et luxueuse.

Marion y fut aussitôt accueilli par une hôtesse à la silhouette gracieuse, et aux traits raffinés, caractéristiques des populations peules du nord Cameroun. Celle-ci, après l'avoir fait assoir sur l'un des fauteuils capitonnés en cuir que comportait le salon, s'excusa en l'informant que son bus venait de prendre la route, renchérissant avec une politesse excessive qu'il pouvait attendre la prochaine navette prestige, l' « *Honorable Ngo'o Mbele Jean* », en profitant de tous les avantages de la première classe. Le mulâtre émis alors un léger soupir de déception, en réponse aux propos et à l'offre alléchante du beau brin féminin qui se trouvait devant lui, en même temps qu'il scrutait sa montre : Il était dix-neuf heures trente. Mekele avait raté de quelques minutes seulement le départ de son car, prévu pour dix-neuf heures vingt-cinq minutes. Toutefois, il savait qu'il ne pouvait s'en prendre qu'à lui-même.

En effet, la classe prestige du *Bureau Camerounais de voyages* avait cela de particulier que les différents déplacements entre la métropole et le littoral du pays obéissaient à une ponctualité proche de la perfection. En d'autres termes, soit on était à l'heure, et pouvait voyager sans désagrément de dernières minutes; soit on arrivait en retard, se soumettant à l'obligation d'attendre le prochain embarquement. Le bus, portant le nom du député fédéral camerounais, était annoncé pour vingt-et-une heure, contraignant le pasteur en herbe vexé, à de longues minutes de passivité. Mekele n'aimait pas attendre sur place. En fait, il ne concevait pas une seconde à ne rien faire, tellement le ministère sacerdotal auquel il était affilié lui exigeait en travail. Assurément, le temps chez les sociétaires de la communauté *The Gift of Heaven* était très précieux ; et par conséquent, devait être utilisé à bon escient, surtout en ce moment où l'Eglise comptait s'agrandir davantage. Le guide des jeunes se décida alors sur un coup de tête à rejoindre l'extérieur, jetant son dévolu sur le snack-bar-restaurant du local ; afin d'essayer de déstresser et se réhydrater, suite au footing inutile qu'il s'était imposé pour rejoindre l'agence.

Après avoir commandé une tasse de café noir et une bouteille d'eau minérale, il balaya du regard la pièce à l'éclairage insuffisant, cherchant un endroit où il dégusterait le liquide chaud et feuillèterait les pages intéressantes du quotidien qu'il avait gardé dans le creux de sa main gauche. L'unique place de libre était une table inoccupée au fond de la salle, juste à gauche de la vendeuse de glaçons, le reste des emplacements pris d'assaut par les voyageurs, ayant réservés pour la plupart des billets à bord des dernières navettes de la journée. Cependant, Marion n'avait pas encore rejoint sa place qu'une voix gutturale, empreinte d'une rouille héritée selon toute vraisemblance du temps, des intempéries, et des conditions difficiles de vie, sembla sourdre du néant, entonnant un chant mélancolique, entrecoupé par intermittence d'une toux bruyante et tuberculeuse qui glaça le jeune homme. Mekele se retourna machinalement vers l'origine du son désagréable et remarqua, juste à la sortie de secours du bar, près de l'impasse donnant sur les toilettes extérieures et les poubelles du complexe, une silhouette estompée par la brume épaisse de la nuit noire, une balayure loqueteuse recroquevillée sur elle-même, dont les grelottements se faisaient entendre jusqu'au comptoir où il se trouvait.

Marion, de son piédestal, aurait comme à l'accoutumé pu rester facilement indifférent à la misérable détresse du crève la faim en face de lui. Malheureusement, le col pastoral qu'il arborait avec ostentation l'obligeait forcement à réagir autrement, l'astreignant malgré lui à observer les convenances de son rang et de sa caste sociale. Devant le public, il lui était imposé comme un devoir de montrer cette image de sainteté apparente, témoignant qu'il était un authentique homme de Dieu. Dans ce genre de circonstances gênantes, Marion se donnait le moral en émettant l'hypothèse selon laquelle quelqu'un en ce lieu pouvait le connaitre, avoir entendu parler de lui, ou encore l'avoir vu par le biais de la campagne médiatique de son église. De ce fait, c'était l'occasion idoine de confirmer ses qualités personnelles, sa bonté, son altruisme, sa compassion, son amour envers les autres. Effectivement, cela était déjà arrivé à quelques reprises qu'il soit identifié par certains ; et à chaque coup, Mekele avait gagné en notoriété et en fidèles. Conséquemment, ces cas de figure, lui permettant de faire du bien en public et d'être apprécié par les spectateurs de son œuvre théâtrale, étaient de véritables aubaines pour lui. Sans plus attendre, le jeune homme se leva, adoptant son pas naturel assuré, puis marcha lentement vers le malheureux, cherchant à attirer l'attention du plus grand nombre, jusqu'à la sortie secondaire du bar.

Un froid de canard régnait à l'extérieur du snack comble, déclenchant un tremblement soudain à Mekele, malgré la chaleur que lui procuraient son pardessus de soie et la tasse de café qu'il sirotait par à-coups. La nuit brumeuse était recouverte d'un voile sibyllin inaccessible, transpercé difficilement et occasionnellement par les rares traits de lumière issus du croissant lunaire. Le jeune homme, qui avançait dans l'obscurité en tâtonnant, lançait de temps à autre un regard inquiet vers la porte du bar pour se conforter, espérant n'avoir pas été oublié du barman, davantage intéressé par le service de sa clientèle. Plus il progressait, plus la silhouette floue s'était mise à se dessiner distinctement, dévoilant un homme de taille moyenne, enveloppé d'amples vêtements défraichis et loqueteux, entrain de farfouiller les poubelles, comme à la recherche d'un grand trésor. La première chose qui frappa l'attention de Marion sur le pitoyable individu, fut le bouquet de roses rouge fanées, enveloppé soigneusement dans un papier journal qui s'échappait de la fermeture du sac en bandoulière pendouillant sur son dos, tel un présent réservé à quelqu'un de très cher. Mekele en conclu que le temps et les turpitudes de la vie avaient eu le dessus sur la raison du vieil homme défavorisé du sort, le poussant inéluctablement vers une démence totale inévitable. Aussi, c'est avec beaucoup de sang froid et de brisement que le ministre de culte soigné et raffiné s'approcha du mendiant répugnant. Arrivé à sa hauteur, il lui tapota l'épaule, en vue de lui signifier sa présence.

Sous l'empilement des morceaux d'étoffes lui recouvrant le corps, sa tête effilée, semblant émaner de nulle part, était chapeautée d'un bonnet à pompons en laine, qui se prolongeait d'une énorme écharpe tricolore aux couleurs du pays. Mekele pouvait à peine distinguer dans la pénombre ses petits yeux auréolés de rides, brillants sous la lueur devenue ténébreuse de l'astre nocturne. Quelquefois, le misérable blottissait ses mains frêles et maigres dans les poches du blouson noir poussiéreux et effrité qu'il portait, puis les frottait frénétiquement, avant de se remettre aussitôt à sa tâche ardue. Pendant une seconde, l'adolescent, qui n'avait jamais de si près expérimenté la pauvreté, sinon de façon platonique, éprouva une réelle compassion à l'égard de son vis-à-vis. Personne ne pouvait rester insensible devant cette indigence flagrante et affligeante, ce stade critique de la souffrance et de la décrépitude. Quel que soit son degré d'ego et d'insensibilité, nul n'aurait pu le supporter.

N'accordant aucune attention à Marion, le rebut continuait à farfouiller dans les plastiques sales et humides du dépotoir, chantonnant tristement sa complainte mélancolique. Dégouté par autant de laideur, indigné par ce sort pathétique, le président des jeunes de la congrégation *The Gift of Heaven* voulu rebrousser chemin. Mais dans son for intérieur, il savait qu'il ne le pouvait, et encore mois ne le devait, car son image était primordiale. Il était un homme de Dieu…en tout cas d'apparence. Et cette étiquette, il l'aimait et la chérissait, du fait qu'elle lui accordait respect et honneurs, lui faisant déjà obtenir les bonnes grâces de personnes influentes de l'Etat, avec lesquelles sa famille s'était associé pour pouvoir gérer leur entreprise sans crainte de fermeture, ni imposition sur le revenu. C'était ici le désagréable revers de la médaille qu'il fallait endosser : être proche de ceux qui souffraient, leur accorder son temps et son énergie ; et lorsqu'il le fallait, faire preuve de générosité.

Aussi, le jeune homme ne manquait pas de manifester son engouement dans le cadre des nombreuses soirées et œuvres caritatives qu'ils organisaient en grande pompe, retransmises en direct par les chaines télévisées de la métropole. À ce moment qu'il aurait souhaité passé autre part, il s'encouragea en se disant qu'il ne ferait que quelques minutes avec le vieil homme, puis rejoindrait rapidement le bar pour un laps de temps encore, avant l'arrivée de son car. De ce fait, Marion prit la décision d'entamer la conversation.

- Je vous admire monsieur, dit-il avec la mine la plus sérieuse qu'il lui aurait jamais été donnée d'avoir, Il fait un froid hivernal et l'obscurité ambiante frapperait le plus courageux des hommes de frayeur. Pourtant, vous êtes là, malgré tout, à vous battre pour trouver votre pain de façon honnête.

Le vieil homme avait arrêté de chantonner, interrompant simultanément sa besogne indigne. À présent, il s'était mis à nettoyer ses mains à l'aide du pan de la chemise qu'il portait en dessous de son blouson. Il n'avait adressé la moindre attention à Mekele. Pourtant, ce dernier pouvait déjà se féliciter d'avoir influé sur ses faits et gestes. Une poignée de minutes s'égrenèrent, puis un ange passa, faisant siffler l'air glacial qui rompit le lourd silence, les deux hommes étant comme dans des mondes différents. Le clochard leva soudain les yeux vers le ciel obscur, fixant la lune avec insistance, avant de répondre au grand dam de son vis-à-vis, au bord du découragement.

- Ô bon monsieur ! je ne cherche pas du pain.

Mekele fut frappé instantanément par la réplique de l'homme en face de lui. En effet, au-travers des quelques mots qu'il venait de formuler, il ressortait clairement que son apparence était trompeuse. Aussi, cela n'eut pour conséquence que d'attiser davantage sa curiosité naturelle, lui qui aimait tout comprendre.

- Alors que chercher vous dans cette poubelle, si ce n'est de quoi manger ? lui lança-t-il machinalement, désireux d'entendre des paroles incohérentes sortir de la bouche du malheureux, afin d'attribuer au hasard les mots rhétoriques qu'il avait semblé entendre provenir de lui.

- Ô bon monsieur ! Matin et soir, de jour comme de nuit, frigorifié par la lune et réchauffé par le soleil, je recherche depuis des années le plus grand des trésors de mon existence. Je l'avais vu du regard, je l'avais même ressenti du plus profond de mon cœur ; mais aujourd'hui il n'est plus, je l'ai perdu, il s'en est allé loin de moi, m'abandonnant à ce que je suis aujourd'hui, un rebut de la société, un vieillard hideux, misérable et hanté par les regrets.

Aussitôt à la fin de sa phrase, l'homme insaisissable toussa d'une certaine toux qui sembla déchirer ses poumons ; avant de renchérir, les yeux larmoyants et implorant.

- Ô bon monsieur ! Dites-moi, pourrais-je le retrouver un jour ? Pourrais-je un jour retrouver mon trésor ?

Le regard éploré du sénile était désormais pointé sur Marion, mêlant avec contraste tristesse et Esperance. Il était évident qu'il demandait implicitement de l'aide au jeune homme, une assistance, que lui seul visiblement pouvait lui procurer, au travers de la réponse qu'il formulerait.

- Quel est ce trésor que vous avez perdu ? dit-il spontanément sans avoir pesé ses mots.
- Ô bon monsieur ! j'ai peur de vous perdre votre temps si précieux. A quoi bon prêter votre inestimable énergie, votre bienveillante attention à un bon à rien, une balayure, un déchet humain ? Vous avez certainement des choses plus importantes à faire…

Mekele lança une œillade rapide vers le snack-restaurant, et constata à sa plus grande joie que le barman, en compagnie de quelques-uns de ses clients, prenaient part à distance à leur conversation. Tout se déroulait comme prévu.

- Je suis toute ouïe, répondit-il de suite. Mais avant, il serait préférable que nous soyons tous deux au chaud, et que vous preniez une bonne boisson pour votre toux, monsieur…
- Je ne m'en souviens plus. Ca fait tellement longtemps…

« Comment pouvait-on oublier son propre nom ? Quelle était donc ce trésor, dont la perte avait complètement détruit la vie de cet homme pourtant réfléchi ? » Se questionna intimement Marion. Les deux individus rejoignirent alors le restaurant, puis s'assirent sur la dernière place inoccupée, sous les yeux admiratifs de ceux qui les entouraient, face à la grande bonté de Mekele. Son invité, bien qu'étant présentement dans un endroit chaud et à l'abri des assauts du vent, ne défit aucunement son écharpe ; malgré l'invitation de Marion à le faire, gardant en outre son bonnet en laine sur la tête. De toutes les offres qui lui firent proposées, il n'accepta que la boisson chaude à base de sirop de menthe qu'on lui apporta. En deux coups, il vida le contenu de son verre, avant d'en demander un autre, tout en s'essuyant salement la bouche du revers de la main. Il ne patienta pas longtemps. Et, après avoir repris une rasade et raclé sa gorge, il se décida enfin à narrer son récit.

CHAPITRE II

Le snack-bar-restaurant était à présent comme vide pour Marion, toute son attention désormais focalisée sur son vis-à-vis. Les fous rires des gens alentours, le tintement des plats, ustensiles, tasses et sous-tasses en porcelaine, s'étaient estompés le temps d'un instant, remplacés par une atmosphère calme et mystérieuse. Et c'est dans cette ambiance sérieuse, que l'individu sans nom se décida alors d'entamer son histoire.

- Ô bon monsieur !il y a longtemps de cela, avant que ces temps difficiles n'arrivent, j'étais un jeune homme élégant et raffiné comme vous, à qui tout réussissait. J'étais plein de perspectives d'avenir ; d'autant plus que le sort n'avait pas été ingrat à mon égard, me donnant, contrairement à plusieurs, au-delà même de ce dont j'avais besoin. Ma famille, aussi loin que je m'en souvienne, n'a jamais manqué de rien, vivant bien au-dessus de la moyenne. Ô bon monsieur ! Que cela ne vous surprenne point et ne soit aucunement interprété de votre part comme un mensonge en vue d'enjoliver mon histoire ; c'est la pure vérité. En fait, aussi déconcertant que cela puisse paraître, dans un passé lointain, je fus riche, très riche même. La lignée dont je suis issu, de père en fils, mit sur pied une immense entreprise, qui, au fil du temps, avait réussi à prospérer bien au-dessus de ses attentes. Je peux d'ailleurs affirmer sans l'ombre d'un doute que nous nous étions hissés parmi les meilleurs dans ce que nous faisions, attirant chaque jour, par le biais des medias, ou encore de nos disciples conquis à nos causes et idéologies, de centaines de nouveaux prosélytes.

En ce qui me concernait, c'est très jeune que je goutais aux délices et à l'orgueil que procurait le pouvoir de décision, bénéficiant d'une place de choix dans l'entreprise ;si bien que je ne me souciais guère du futur, ayant la certitude d'avoir déjà à portée de main tout ce que je désirais. Aussi, d'un claquement de doigt, je réalisais tous mes fantasmes, ayant droit aux plus belles mécaniques qui puisse exister, aux croisades jusqu'au bout du monde, à des séjours prolongés dans les hôtels les plus prestigieux, accompagné de femmes tellement belles et affriolantes, qu'on leur aurait donné le paradis sans confession. À ce moment précis, j'étais d'une suffisance outrancière, convaincu que rien ni personne ne pouvait interférer sur ma vie, parce que maitre de mon existence et de ma destinée. Cependant, aujourd'hui je me rends compte que je me trompais grandement. J'étais assurément le plus aveugle et pitoyable des hommes, ignorant le sens et le but même de mon existence. Je ne percevais pas que j'étais vide, pantin des hommes et de leur système de choses. C'est de cette façon que je vécu, menant une existence bourgeoise, douillette et préservée, jusqu'à ce que fortuitement, je fasse la rencontre de la plus grande richesse qui m'eut été donné de découvrir. Ô bon monsieur ! Je vous prie de garder votre mal en patience. Vous saurez bien vite de quoi je parle si vous souffrez de m'écouter.

Tout débuta un jour du mois d'Août, alors que ma vie, méticuleusement réglée, était déjà comme un livre fini, d'un style et d'une écriture parfaite, sans aucune rature susceptible d'y apporter quelque correctif. C'était l'un de ces jours sortant de l'ordinaire, où tout semblait aller de travers ; pendant lequel le seul désir qui hantait les méandres de mon esprit était de voir le lendemain. En effet, j'avais passé la journée la plus contraignante de mon travail, alignant successivement trois séminaires sur le leadership spirituel en faveur des chrétiens de la ville de Yaoundé, et cela, sans prendre la moindre pause. Je n'aspirais alors qu'à disparaitre comme par enchantement, à me soustraire aux obligations du ministère dans lequel j'exerçais, à arracher un peu de liberté, ne serait-ce que pour un temps. Toutefois, ma plus grande faiblesse du moment m'interdisait le moindre répit. Je rêvais d'être élevé, je me voyais chapeauter les plus grands de notre congrégation. Et dans cette folie des grandeurs croissante, lorsque j'assistais les anciens, et les hauts placés de la société dans leurs illustres services, je nourrissais à chaque fois une convoitise viscérale à leur égard. Cependant, la gloire impliquait des responsabilités beaucoup plus importantes que les avantages qu'elle pouvait procurer. En réalité, les honneurs et la direction avaient toujours rendus l'homme esclave sur deux plans : Premièrement, il devenait inconsciemment le serviteur de ceux dont il devait répondre ; deuxièmement, il était par devoir et de façon automatique, l'assujetti de celui à qui il devait répondre.

Cela, je l'avais compris à mes frais, faisant le triste apprentissage de l'état de stress, des nuits insomniaques, et des changements d'humeur dus à ma tension artérielle de plus en plus préoccupante. De prime abord, j'essayai de me défaire de ces tares par différents sports et loisirs, cumulés à plusieurs séances de psychanalyse. Mais rien n'y faisait, les résultats infructueux de ces alternatives m'amenant au final à une évidence que je refusais pourtant d'accepter : Pour me sentir libre, il me fallait simplement abandonner mon poste dans le ministère. Mais comment pouvais-je, sur un coup de tête, laisser tomber ce qui donnait un sens à ma vie ? Comment aurais-je pu faire écrouler, tel un château de cartes ce que mes prédécesseurs avaient accomplis jusque-là ? Comment aurais-je accepté de faire tomber sur ma famille un pareil opprobre ? J'étais un serviteur, un sacrificateur du Très Haut. C'est pourquoi tout ce que je faisais était pour sa gloire. Chaque jour, je voyais plusieurs jeunes confesser Jésus comme Seigneur et Sauveur ; chaque dimanche, c'était par cinquantaine qu'ils étaient immergés dans les eaux du baptême. À ce moment, j'étais sincère, croyant véritablement bien faire ; mais j'étais sincère dans l'erreur.

Remontant le rond-point de la poste en direction du quartier Bastos, où j'avais été invité par une haute personnalité du pays, je décidai à l'improviste de m'arrêter à la rue Sébastien Essomba, dans l'un des trois jardins publics, aménagés par la communauté urbaine. *Le Bois Saint Anastasie*, du prénom de la mère du président Paul Biya, était un espace vert calme et reposant, *« un havre de paix à l'abri de la vie trépidante de la ville »*, à l'intérieur duquel l'on pouvait bénéficier d'un instant de lecture, de réflexion ou encore d'évasion. Je stationnai alors mon véhicule sur le parking recouvert de pavés humides, longeant la devanture de l'édifice, décorée d'un magnifique jardin en fleurs de toutes espèces.

L'espace ombrageux au climat frais et tempéré, subjugué d'odeurs de sainteté, desquelles l'odorat pouvait s'enivrer à souhait, était entièrement écologique, d'une tranquillité restauratrice, dont le naturel mis à l'honneur nous transportait dans les hauteurs, comme dans un rêve. Souvent, le bruissement des grands arbres servaient de berceuse, éludant le désagrément cacophonique du trafic routier urbain, à l'écho retentissant au loin, formellement interdit dans le lieu édénique. Sur la place gazonnée, étincelante de rosée et meublée de petits rochers abruptes, les quelques mélancoliques rencontrés pouvaient s'asseoir pour écouter paisiblement la douce symphonie des eaux de la rivière Ekozoa. Le ruissèlement sous le pont courbe en ciment, reliant le nord au sud de l'édifice, finissait sa course dans un bac à eau, servant pour la pisciculture. Plusieurs personnes émerveillées venaient se tenir à ses abords, profitant de l'eau claire foisonnante d'une diversité de poissons, mis à toutes les sauces dans le restaurant toujours bondé du parc. C'est encore si clair dans ma tête. Les amoureux en promenade, les lecteurs isolés, les familles en pique-nique, les lourdes perles de la douce averse…je m'en souviens comme si c'était hier.

En effet, les choses d'une certaine préciosité, celles auxquelles nous n'avons pas droit, nous sont la plupart du temps offertes telles des grâces immméritées. Ces cadeaux ont à chaque fois un caractère particulier, du fait qu'arrivant souvent sans crier garde, sans qu'on ne les attende ou qu'on ait soupçonné leur imminence, ils changent le cours même de notre existence. Il y a toujours quelque chose de spontanée et d'inéluctable, soulignant de ce fait même toute leur profondeur providentielle. C'est une perpétuelle et progressive acceptation d'une vérité que nous ne percevons pas sur le coup, mais qui, lorsqu' elle communie avec l'essence même de notre être, brise nos connaissances incomplètes et stériles, scellant notre existence sous le roc de la science du pourquoi des évènements. Tout commence par un croisement anodin, qui, aux premiers abords, n'a jamais rien de bien intéressant. Une rencontre sur internet, à l'arrêt bus, au sortir du travail ou de l'école, dans un café, dans un bar ou à l'intérieur d'un véhicule de transport public. Puis vient une parole, un geste, un sourire, un échange entre deux esprits, une profondeur qui s'offre à nous, nous ouvrant grand ses bras, faisant découvrir des choses insoupçonnables. Alors nous sourions, nous pleurons, nous restons perplexes ; et au final, immortalisons cet instant rare de sincérité sentimentale sur un lieu, un espace, qui ne s'éloigneront plus jamais de nous.

Ce sont des réalités qui viennent à nous sans efforts, et pour lesquelles nous ne luttons pas, étant face à un seul choix : les accepter. Il n'y a rien à faire que de se laisser conduire, se laisser entrainer par la force de leur courant impétueux. Beaucoup de personnes à un moment de leur vie ont certainement été graciées, invitées à gouter à ce moment privilégié. Mais pourtant, seulement un faible reste s'en est emparé, et un autre encore plus faible a pu le garder jusqu'à la fin et en jouir des retombées ; ceci du fait qu'ayant évalué sa valeur, souvent on l'a sous-estimé ; et ce n'est que lorsqu'il s'en est allé qu'on se rend compte de notre maladresse. Je m'en souviens encore comme si c'était hier. L'odeur pénétrante et apaisante des roses, des hibiscus et des violettes, transportée par la douce brise s'insinuant au-travers des essences d'arbustes bien taillés ; le chant de l'eau au contact du granit mouillé, le croissement des corbeaux perchés au loin, les chauves-souris voltigeant au-dessus des cheveux détrempés des géraniums, dans le ciel moutonné de nuages d'une blancheur laiteuse ; les klaxons quasiment imperceptibles des véhicules…tout cela me semble si récent. J'aimerai tellement en faire le deuil …et pourtant, je n'y arrive pas.

Je m'étais accoudé au parapet métallique du pont courbe, contemplant le scintillement de l'eau, sous les quelques rayons de soleil réussissant à s'infiltrer au-travers des grands arbres. Les cœurs purs pendant ce temps jouaient au loin, courant tout autour de la statue du « penseur », assis sur le sommet d'une montagne érigée d'amas de pierres cimentées. Cela devait faire une vingtaine de minutes passées dans l'immobilité absolue, mon homme intérieur empreint de noires pensées défaitistes et dépressives en réponse à mon trop-plein de travail, quand une voix fluette et hésitante parvint à moi, me tirant brutalement de ma méditation. Lorsque je me retournai, prêt à abattre mon immense colère sur ce perturbateur inattendu, mon regard froid se posa sur l'image la plus innocente qu'il m'avait été donnée de voir jusque-là. C'était une jeune fille à des années lumières de la mode, simple et modeste avec charme, aux grands yeux noisette m'observant avec compassion. Son ample blouse jaune, lui servant de tenue de travail, semblait l'absorber toute entière. Au moment où nos yeux se croisèrent, elle baissa aussitôt sa petite face ovale sous une abondante chevelure crépue. Mais sur le coup, quelque chose me frappa. Derrière sa simplicité, son apparence sans éclat, sans parole, l'on pouvait aisément ressentir la franchise captivante qu'elle dégageait. Son cœur n'en voulait à personne ; comme si pour elle le monde était beau, comme si il y avait encore de l'Esperance.

Quelques mots seulement, et tous mes raisonnements furent brisés, pour laisser place à un nouveau fondement. J'avais de grandes responsabilités dans l'entreprise de ma famille, j'étais un haut dignitaire devant lequel plusieurs faisaient des courbettes, étant arrivé à m'accoutumer à l'hypocrisie de ceux qui voulaient s'attirer mes bonnes grâces. Malgré cela, il ne suffit que d'une fillette naïve et de sa gentillesse, pour déclencher un ouragan dévastateur en moi : « C'est au plus bas, m'avait-elle dit, alors même que nous croyons souvent avoir touché le fond, que nous trouvons la surface la plus ferme pour nous impulser et sortir de l'eau. Ne baissez pas les bras monsieur. Vous pouvez encore y croire. » Mon vis-à-vis, alors qu'elle discourait, me tendit simultanément un bonbon retiré de sa boite à friandises, me faisant savoir que c'était un cadeau de sa part, avant de s'excuser et de partir. Surpris, je ne prononçai le moindre mot, la regardant s'en aller, puis disparaitre derrière un groupe de jeunes enfants émerveillés par les farces d'un clown ambulant. Ce fut sur cette séparation entre deux inconnus sous un ciel désormais d'un gris menaçant, que débuta l'écriture des plus belles pages du livre de mon pèlerinage sur cette terre.

    C'est pareil à un grain lors de sa semence. Lorsqu'il est en terrain propice, il se met à germer, étendant progressivement ses racines dans les profondeurs du sol. Dans mon cas, ce processus avait été déclenché, et dès à présent, il n'y avait plus de possibilités de retour en arrière. Ainsi, la nuit qui suivit, je ne réussis à trouver le sommeil, pensant au geste de la jeune fille, et essayant de le justifier par mes raisonnements religieux et théologiques. Ô bon monsieur, que puis-je vous dire ? Certainement avez-vous vécu ce jour où, suite à un évènement heureux ou malheureux, tout autour de vous semble soudain prendre sens. Tout-à-coup, les pièces du puzzle s'imbriquent les unes aux autres, et alors vous voyez les choses anciennes selon une nouvelle perspective. Le passé, semblable à un réel inexistant, tel une fumée blanche, prend alors des ailes, laissant place à la clarté de la vérité. Cette nuit d'Août fut, à n'en point douter, la plus longue et tumultueuse de mon existence.

    En effet, plus le temps passait, plus je brulais de l'intérieur. Et au fur et à mesure que j'élaborais des réponses à ce point obscur, à ce geste inhabituel, plus de nouvelles questions prenaient naissance dans les méandres de mon esprit confus. J'avais toujours été l'homme à tout savoir, mais en ce moment, je n'avais aucune réponse. Cet acte de charité avait-il été désintéressé ou cachait-il autre chose ? Qu'est-ce que Dieu, au-travers de cette jeune fille, essayait de me faire comprendre ? De plus, l'expression de son visage…je n'avais jamais vu cette lumière autre part, même pas chez les plus pieux de notre assemblée. Je mourais d'envie de ressentir cette sincérité, cette candeur ; je languissais d'entendre à nouveau cette voix timide, mais pleine de compassion. À ce moment, le craquement se fit audible, et une douleur lancinante m'envahi de l'intérieur. Je venais de réaliser mon impuissance devant cet être inférieur à moi dans la connaissance, mais qui m'avait appris tellement dans l'amour authentique en une poignée de secondes. J'essayai de me battre, de réfuter cette évidence qu'avait aussitôt accepté mon cœur, et pourtant rien n'y était. J'essayai, mais je n'y arrivai pas. Moi qui me plaisais jadis à tout contrôler, seul capitaine de mon bateau, maître du gouvernail de mon âme, j'étais à présent asservi à une graine de pensée en germination, dont les racines n'arrêtaient plus de croitre. Le plus surprenant dans tout cela est que cette tempête subite, secouant mon être tout entier et me faisant dégouliner de sueur, tel un malade souffrant de fièvre, était la résultante d'un geste simple, mêlé à la voix d'une personne insignifiante. Me pensant être fort, j'étais sur le point d'être vaincu par une faiblesse en moi, dont je n'avais point soupçonné l'existence.

L'homme enturbanné avait interrompu net son récit à la tonalité dramatique, toussant d'une toux caractéristique, qu'il voulut certainement calmer en sirotant la boisson chaude entre ses mains tremblantes. Les yeux gris changeants de Marion étaient à présent rivés sur lui, impatient d'entendre la suite de l'histoire. En effet, cette plongée dans les souvenirs hantés de regrets du sans nom avait éveillé sa curiosité naturelle, l'amenant à nourrir certaines interrogations. « Si cet homme avait été riche comme il le prétendait, s'il avait joui du rang d'éminence dont il se targuait, quel concours de circonstance avait été à l'origine de sa descente aux enfers ? Que pouvait donc cacher cette rencontre dont il parlait avec autant de passion ? » Le bar avait commencé à se vider, annonçant ainsi l'arrivée imminente des derniers bus de la journée, à destination du littoral camerounais. Mekele regarda sa montre suisse, au bracelet recouvert entièrement d'or, puis soupira, constatant qu'il lui restait à peine quelques minutes, avant de dévisager le clochard.

- Alors que s'est-il passé par la suite ? demanda-t-il d'un ton excité et plein d'indiscrétion à son vis-à-vis, désormais concentré sur le sirop de menthe.

Il désirait rapidement avoir les réponses à ses questions. Le malheureux déposa lentement le bol sur la table, puis baissa les yeux, les quelques traits perceptibles de son visage piteux trahissant déjà ce qu'il s'apprêtait à dire.

- Ô bon monsieur, j'ai tout essayé, mais en vain. Je me suis efforcé de la revoir durant les jours qui suivirent, mais sans résultat. Pendant un mois, je me rendis quotidiennement au parc où j'avais fait sa rencontre ; cependant, toutes mes tentatives furent infructueuses. Elle avait disparu comme elle m'était apparue, laissant planer le mystère sur la cause même de cette rencontre on ne peut plus bouleversante. C'est ainsi que, découragé et fatigué de chercher, me replongeant dans mon quotidien chargé, le décor se mit à s'estomper, les paroles, les images, les sensations semblant avec le temps devenir plus légères, prêtes à prendre leur envol, à rejoindre le monde de l'oubli.

La réponse déçue profondément le jeune homme de la vingtaine, qui n'avait pas réussi à satisfaire ses attentes jusqu'à satiété, semant par ailleurs le doute dans son esprit réfléchi. « Et si cette histoire, si savamment conçue, n'avait pour unique but que de permettre au vieillard de jouir d'une boisson chaude et de quelques piécettes? »

- Eh bien monsieur, lança Marion avec son sourire des grands jours, il me semble que votre récit, bien qu'attrayant, se confonde à celui de millions d'humains à travers le monde, qui n'ont simplement pas, peut-être par orgueil, voulus se donner une chance à eux-mêmes. Une catégorie de personnes qui, par la suite, se sont convaincu qu'à cause d'une erreur, toute leur existence n'en valait plus la peine. Sincèrement, je partage votre tristesse, mais il est temps pour moi de m'en aller. Merci pour tout.

Marion se leva précipitamment, puis retira de la poche intérieure de son veston un billet de mille francs CFA, qu'il déposa en face du clochard.

- Ô bon monsieur, supplia le clochard la voix tremblante, comme abusé par Marion qui avait promis bien avant de lui donner une réponse à sa question, l'histoire, elle n'est pas encore finie…

Mekele balaya aussitôt cette imploration de ses pensées, se dirigeant sans plus attendre vers la sortie du bar, afin de rejoindre la salle d'embarquement V.I.P. Le hall public du complexe routier n'avait plus la même fréquentation qu'on lui avait connue plus tôt, les passagers l'ayant assurément déserté après la fermeture des guichets. Désormais, le long couloir vide à moitié éclairé, était hanté par un air lourd et glacial, qui, mêlé à la climatisation en marche, rendaient le local telle une chambre frigorifique. Mekele avait dépassé la salle aux bancs peints en rouge, dans laquelle une soixantaine de personnes, ayant payées le tarif normal, attendait le dernier bus de la soirée ; lorsque la voix de l'hôtesse, empreinte de fatigue, retentit dans les hauts parleurs de l'édifice, lui arrachant un juron qu'il fut le seul à entendre. La navette prestige « *Honorable Ngo'o Mbele Jean* » avait eu, au départ de douala, un léger retard ; raison pour laquelle elle ne viendrait pas à l'heure indiquée. Derrière ces paroles polies et suaves, le jeune homme avait vite fait de déduire le sous-entendu, qui se rattachait à la fouille minutieuse opérée à l'intérieur et autour des derniers bus entrant dans la capitale politique. Ceux-ci voyaient leurs bagages être passés au peigne-fin, après que les papiers des passagers à bord aient été scrutés attentivement par les services de renseignements dans les gares, dans le but d'éviter toute migration terroriste au sein de la cité aux sept collines.

Nous étions dans une époque de guerres et de rumeurs de guerres, une saison de décadence dans laquelle les hommes avaient commencé à se refroidir, devenant intéressés et avides de toutes sortes de biens évanescents. Leurs cœurs rocailleux s'étaient mis à déborder de convoitises immodérées, qu'ils essayaient d'assouvir en prenant pour prétexte la politique, le sport ou encore la religion. Encore une trentaine de minutes à patienter. Marion s'ennuyait et ne savait plus que faire pendant ce temps-là. A cet instant, il décida de se plonger dans la lecture de son magazine. Malheureusement, il se rendit aussitôt compte qu'il l'avait égaré, en même temps que son pardessus de soie. Retraçant rapidement son cheminement à l'inverse dans sa tête, il se souvint n'avoir ôté son vêtement qu'au bar. C'est alors que le religieux rebroussa chemin, espérant que le vieux compteur aux histoires romancées, n'avait pris la poudre d'escampette, nanti d'un si joli trophée.

Le barman, lorsqu'il le vit apparaitre derrière la porte d'entrée, le reconnu illico, lui adressant un sourire amical, tout en désignant de la tête la table pour deux au fond. Etonnement, l'homme mystérieux, au visage recouvert, était encore là, la boisson d'eau chaude que Mekele lui avait commandée entre les mains. En outre, Marion constata avec joie que son pardessus était resté sur l'un des bras de sa chaise. Il se dirigea instamment vers la table afin de récupérer ses affaires, pour rejoindre par la suite la salle feutrée et luxueuse où se trouvaient les personnes de son acabit. Cependant, au moment même où il tentait de s'emparer de son vêtement hors de prix, n'accordant aucune créances au vieillard, il sentit la main de ce dernier, tremblante et sans force se poser sur la sienne, le remplissant d'un frisson qu'il n'avait encore jamais ressenti.

- Ô bon monsieur, dites-moi, pourrais-je le retrouver un jour ? Pourrais-je un jour retrouver mon trésor ? lui demanda le clochard d'un ton encore plus triste qu'auparavant.

Et c'est ainsi que sans savoir pourquoi, Marion se rassit, sous le regard attentif du barman, qui avait commencé à nettoyer les tables du bar, prêt à écouter la suite de l'histoire.

CHAPITRE III

Le déplacement des voyageurs de la dernière heure, et de leurs accompagnateurs pour la salle d'attente, avait apporté un grand calme dans le snack-bar, interrompu occasionnellement par le ronronnement, quasiment imperceptible, du frigidaire à la porte coulissante transparente, n'exposant que les produits des *Brasseries du Cameroun*. Le gérant des lieux, après avoir terminé avec la vaisselle et éteint les instruments de sonorisation, s'était mis à siffloter un air de *bikutsi*, l'un des rythmes musicaux propres à la culture camerounaise. Hormis le barman, dans le lieu à moitié éclairé, il ne restait plus que Mekele et Le clochard amnésique. L'homme sans identité toussota à deux reprises d'une toux grasse, essayant de racler sa gorge irritée. Essuyant par la suite sa bouche du revers de sa main poisseuse et gercée, il se décida enfin à poursuivre son récit.

- Ô bon monsieur, dit-il, pensez-vous que les anges existent ?
- Bien sûr que je crois aux anges. Je suis chrétien, lui confia Marion avec un ton condescendant.
- Vous me rassurez. Vous savez, Ô bon monsieur, j'en ai rencontré un dans ma vie. À vrai dire, il n'était pas comme je l'avais imaginé, loin de ce que la télévision, les comptes d'enfants et les livres religieux m'avaient dépeint. En réalité, il était de chair et de sang, tout comme vous et moi. Et lorsqu'il entra dans ma vie, il y demeura jusqu'au terme de sa mission. Mais à bien y réfléchir, pourrais-je véritablement parler d'une fin, quand jusqu'à ce jour les séquelles de cette rencontre continuent à influer sur mon existence ? Assurément qu'il est toujours là. Oui, j'ai la ferme conviction qu'il est encore présent. Certes, quelque fois il lui arrive de disparaitre ; mais il n'est jamais bien loin, mon destin étroitement lié à son apport céleste. Il demeure tout simplement en l'autre, dans sa différence, nous rendant témoignage de ce que nous sommes, de nos limites, et nous exhortant à nous perfectionner, au-travers des réprimandes et des conseils, à entrer dans notre histoire.
- Que voulez-vous dire par là ? Questionna Marion un tantinet déphasé
- En fait toute chose a un commencement et une fin. Tout récit, quelles que soient ses interruptions, ou encore ses accélérations, est motivé par un but, qui ne se révèlera qu'en son temps ; au moment où l'actant principal aura

pris conscience de qui il est ; lorsqu'il aura acquis en maturité, et décidera d'orienter sa vie sur le chemin de la noblesse et de la sagesse. Par conséquent, toute rencontre, tout croisement a un objectif, une fin en soi, avec la plupart du temps pour principale cible l'esprit. Excusez-moi, Ô Bon monsieur, souvent je me perds dans mes propres pensées et m'emmêle les pinceaux. Voici la suite de mon histoire. Cela faisait déjà trois bonnes années qui s'étaient écoulées depuis ma rencontre mémorable au *Bois Saint Anastasie*. Avec le temps, d'abondantes rivières avaient coulé sous les ponts, jetant mes préoccupations et mes hantises de l'époque dans le grand fleuve de l'oubli. Dans la société familiale, beaucoup de choses avaient également changé. En effet, bien qu'encore très jeune, venant juste de souffler ma trente-et-unième bougie, j'avais déjà atteint le cercle très fermé du collège pastoral de notre communauté, « l'assemblée des douze » comme on l'appelait.

C'était le noyau central de la congrégation, à qui revenait la lourde et honorable charge de concevoir le courant de pensée, qui devait être adopté dans les églises, les écoles, les camps de jeunes, et les chaines de télévision à travers le monde, que comportait notre entreprise. J'étais alors le chargé de communication de la boite, ne rendant compte de mes faits et gestes qu'au pasteur principal, qui n'était personne d'autre que mon père. J'avais présentement arrêté de me soucier de l'argent, car il coulait à flot, jetant mon dévolu sur une nouvelle convoitise, à assouvir peu importe le prix : le pouvoir. Le poste que j'occupais avait vite fait de m'éloigner de la chaire et du pupitre, m'orientant non plus vers la conquête de nouveaux prosélytes, mais plutôt vers celle de personnes influentes, de hautes personnalités de tous abords, pouvant nous aider dans le financement de nos croisades internationales de plus en plus spectaculaires. J'étais devenu comme l'ambassadeur d'une marque, promouvant sa rentabilité auprès de potentiels partenaires financiers. Ceci dit, chaque jour j'avais l'occasion de faire la connaissance par le biais de personnes interposées, d'autorités autant gouvernementales que politiques, avec lesquelles nous entretenions entre autres des relations d'affaires, concernant la livraison de marchés publics dans les institutions républicaines, et l'exploitation des minerais dans la région de l'est du pays .

Parmi ces personnes importantes et inaccessibles la plupart du temps, tenant entre leurs mains les destinées du pays et agissant selon leurs lubies démesurées en toute impunité, je m'étais particulièrement lié avec un certain Hilaire Didier Bau ; un haut cadre dans le ministère des mines et de l'énergie, que je rencontrai lors d'un diner d'affaire officieux dans un hôtel luxueux de la ville de Douala. En effet, suite à un empêchement de dernière minute du ministre devant se rendre du côté de l'hexagone sur haute instruction présidentielle, celui-ci avait personnellement dépêché son proche collaborateur ,reconnu par ailleurs comme son bras droit, pour le représenter dans le cadre d'agréments devant être accordées, avant même l'appel d'offre officiel, en vue de la prochaine ouverture du site de diamant dans la région de Betare Oya , à la poignée d'exploitants constituant ses favoris. De prime abord, ce que je remarquai sur lui et qui me conforta, fut son respect pour ma personne. Effectivement, aussitôt qu'il apprit que j'étais révérend pasteur, il s'empressa de me signifier qu'il avait beaucoup de respect pour les hommes de Dieu, faisant lui-même partie d'une confession religieuse chrétienne de la place. Et, comme pour donner du crédit à ses propos, sa façon d'agir ne faisait que témoigner en sa faveur. Dans la réalité, le numéro trois du ministère des mines et de l'énergie, en sa qualité de trésorier payeur General, contrairement à ses congénères du même acabit, la majorité du temps orgueilleux et regardant tout le monde de haut, était doué d'une modestie appréciable, à laquelle se trouvait enté un charisme exceptionnel qui le singularisait des autres intervenants. Plus tard, dans la soirée, nous retrouvant entre conférenciers dans la boite de nuit du palace quatre étoiles, j'appris davantage de lui.

Hilaire était né d'une famille chrétienne croyante, grandissant dans un cadre fondé sur les enseignements bibliques. Toute sa vie, il s'était donc évertué à ne jamais déroger à cette ligne de conduite, faisant tour à tour le petit *Séminaire Saint Paul de Mbalmayo*, puis le *grand Séminaire d'Efock*. Et ce n'est que par pur concours de circonstances qu'il ne put accéder à la prêtrise, bénéficiant à la dernière minute d'une bourse d'étude pour *l'Ecole Nationale d'Administration* de France. Fort de ce parcours scolaire essentiellement religieux, le quinquagénaire connaissait au bout des doigts la théologie, ainsi que certaines vérités qui n'étaient pas bonnes à savoir pour le commun des mortels. Certes Didier avait embrassé l'administration, entrant concomitamment dans la politique et fréquentant au fil des années les arcanes du pouvoir ; toutefois, il n'avait abandonné ses premiers amours, officiant en tant qu'ancien d'église, un titre honorifique qui lui avait par ailleurs permis d'ériger une paroisse dans sa propre maison. De ce fait, partageant quasiment les mêmes connaissances, et liés également pas le sens aigu des affaires, entretenu par le désir insatiable de s'enrichir davantage, nous établîmes un contact, qui au fil du temps devint amical. Avec cet atout majeur dans mon jeu, la congrégation avait trouvé un nouveau partenaire financier, mettant la main à la patte à chaque fois que je sollicitais son concours, dans le cadre de nos campagnes d'évangélisation et séminaires payants, et pour la formation de leaders spirituels dans les pays de la sous-région. Aussi, les affaires familiales s'en trouvaient mieux, notre société d'exploitation minière bénéficiant de toutes les procédures de facilitation dans ses activités, à l'instar de la signature de nouvelles autorisations sur plusieurs sites, qui jusque-là nous avaient été inaccessibles.

C'est ainsi que nous nous appelions de temps à autre, entretenant notre relation par des visites occasionnelles le week-end dans nos différentes habitations de campagne, lorsque le temps nous le permettait. Puis un soir, aux environs de vingt-deux heures, Hilaire m'appela la voix préoccupée. À ce moment, si il s'était agi d'un fidèle en détresse, ou, dans une certaine mesure, d'un dignitaire de l'église, je n'aurais pas interrompu mon tête à tête romantique avec la charmante demoiselle d'origine italienne, que je venais de rencontrer dans une soirée de gala offerte par une fondation de la place, luttant pour les droits des jeunes défavorisés africains. J'aurais aisément pris pour prétexte un problème de santé ou un trop-plein de travail. Mais étant donné le rôle capital de Didier dans ma vie, je ne pouvais que me soumettre à ses quatre volontés. C'était la première fois que le milliardaire originaire de la région de Kribi, dans le sud du Cameroun, me contacte à pareille heure de la nuit, de surcroit avec une telle instance ; lui qui d'habitude faisait preuve d'un flegme à toute épreuve. A ce moment précis, j'avais envisagé tous les scénarios possibles, pourtant étais bien loin de ce qui m'attendait sur place.

Nkondengui était incontestablement l'un des plus vieux quartiers de la capitale politique, devant principalement sa notoriété du fait de la tristement célèbre institution pénitentiaire, connue sous le nom de « onzième province », qu'il abritait. En journée, la collectivité locale, dépendant de l'arrondissement de Yaoundé quatrième, se parait de l'atmosphère calme et paisible propre aux parties résidentielles de la cité, qu'elle s'empressait de troquer la nuit tombée avec des vêtements de festivités, se livrant alors sans retenue à la vie ambiancée et débauchée qui la caractérisait, elle et ses sœurs limitrophes. Lorsque j'atteins la *Station Nkondengui,* le principal point de repère de la zone, il était vingt-deux heures et quelques. Sous les ténèbres d'un ciel noir comme la robe d'une veuve, la chapelle en construction du *Mont Carmel* laissait resplendir une faible lueur au travers des embrasures des murs crépus, encore dépourvues de fenêtres, s'élevant jusqu'aux cieux par la tour contenant le clocher de l'église. Le bâtiment religieux, livrant tout seul un combat acharné et inégal contre le mal ambiant, était encerclé de si près par les bars et maisons de joie pullulant dans le secteur, qu'on aurait facilement pu croire que les sonorités mondaines et perverses, mêlées à la fumée blanche des grillades de porcs ,de poissons et de poulets, émanaient de son sein.

À quelques pas de là, l'immeuble *Santa Lucia*, l'un des points les plus attractifs à pareille heure, était bondé de monde. Les populations de classe moyenne venaient faire leurs emplettes de dernière heure dans le supermarché que comportait le complexe, comprenant également un hôtel et un restaurant spécialisé dans la cuisine occidentale. Sur sa façade extérieure au parking ne désemplissant jamais, chapeautées de parasoleils vétustes et faiblement éclairées, une rangée d'échoppes de médecins de pacotille et de vendeurs de friandises étendait ses ampoules jaunes sur plusieurs mètres à la ronde ; si bien que les trottoirs, encombrés par les nombreux branchages en direct fait de fils électriques pendouillant dangereusement sur les toitures des habitations avoisinantes, étaient devenus impraticables. Désormais, les piétons, accompagnés des commerçants ambulants proposant des appels téléphoniques à moindre coût, se retrouvaient présentement dans l'obligation de se disputer la chaussée avec les véhicules à l'arrêt, du fait des immenses bouchons prédominant sur les principaux axes de la cité aux sept collines à pareille heure ; à l'instar du carrefour Ekounou qui se voyait en amont, congestionné des deux voies de la route par une file de voitures aux lumières rouge et blanche. Le bruit assourdissant des engins immobiles, les échanges durs et déshonorants entre conducteurs nerveux au bord de l'hystérie, étouffés quelquefois par les sifflets des agents de la police de la circulation dépassés, étaient sans fin. Pourtant, le malheur des uns faisait le bonheur des autres.

En effet, pendant que les taximen grinçaient des dents, les conducteurs de motos trouvaient largement leur compte. Leurs vieilles mécaniques prêtent à rendre l'âme vrombissaient péniblement et maladivement, à l'affut du moindre client parmi la multitude en bordure de route, qui attendait patiemment un transporteur devant les amener pour d'aucun à une destination honorable, pour d'autre vers les regrets et les pleurs. Les «benskinners», comme on les appelait affectueusement, avaient envahis la station, roulant de façon imprudente et suicidaire, se frayant un chemin au-travers des vendeurs à la sauvette, des call-boxeurs ambulants, ainsi que des nombreux nids de poules gorgés d'une eau noirâtre et purulente, dont le trop plein se versait dans les fossés remplis d'ordures, de déchets et de taisons de bouteilles issus des bars environnants, en bordure de la route dégradé par l'érosion. Les « trompe la mort », en ces temps de grande activité, ne se souciant que des bénéfices que cela pouvait leur apporter, transportaient le double, voire le triple des passagers que leurs vieux motocycles auraient pu en principe supporter.

En empruntant la rue latéritique boueuse jouxtant la chapelle, rendue étroite du fait des innombrables véhicules qui y étaient stationnés anarchiquement, je fus interpellé par des enfants ingénieux, qui s'attelaient à combler par de la terre les trous béants qui la gangrenaient, réclamant quelques pièces en compensation de leurs efforts. Par la suite, je m'engouffrais dans les entrailles ténébreuses des sous-quartiers tiers-mondistes de la capitale. Ici, des jeunes diplômés de l'enseignement supérieur, désillusionnés par les réalités du favoritisme et de la corruption ambiante, reconvertis en commerçants du secteur informel pullulaient, étalant leurs chaussures éculées et leurs vivres avariées à même le sol, sous le faible éclairage des kiosques de pari sportif, ainsi que des boutiques de coiffure construits en matériaux de fortune. Plus on descendait la pente érodée à ses abords par les eaux usées, en contrebas de laquelle débutait le quartier *Anguissa*, plus le degré de pauvreté semblait s'accroitre, avec des habitations sordides et piteuses, essentiellement discernables par le clair de lune. Je traversai alors la rue N° 2092 et son petit-carrefour animé par le bar « Le Parisien », dépassant la grillade de soya de Mohamed ; rejoignis la 2093, avant de prendre à gauche de la *Fondation Médicale Le Bon Samaritain*, négociant une allée goudronnée et éclairée de lampadaires avec caméras de surveillance, jalonnée de plusieurs résidences cossues. Ici, le calme était plat, hormis le chant des grillons et les propos orduriers d'un groupuscule de jeunes adolescents sans aucune surveillance parentale, que les aboiements des chiens essayaient en vain d'évacuer des lieux. Le véhicule avait de la peine à circuler, évoluant de manière serpentée à travers les dépôts de graviers, de sables et de ciments, dénotant que ce bout de paradis au milieu de la misère environnante était en plein chantier. Après une centaine de mètres de l'entrée de la ruelle illuminée, j'atteins enfin la Rue 2091 et le bâtiment de la *Clinique Medicaa Cameroun*, en face de laquelle se trouvait la demeure de construction allemande d'Hilaire, aux murs peints en jaune et à la toiture à redents.

Je stationnai la berline japonaise sur l'esplanade carrelée et décorée de roses blanches, me dirigeant aussitôt vers sa guérite. À la première pression de mon doigt sur le bouton de la sonnerie, la face menaçante et balafrée d'un individu filiforme apparu brusquement sur le minuscule cadre du box, me faisant faire un pas en arrière effrayé. Le cerbère me demanda aussitôt avec un ton austère, trahissant ses origines septentrionales, de me présenter et lui dire qui je souhaitais rencontrer. Je lui donnais prestement ma carte nationale d'identité, et lui faisais savoir que le patron m'attendait. Le nordiste me dévisagea rapidement, puis disparu en refermant la petite fenêtre derrière lui. Une poignée de minutes après, sa face rectangulaire réapparue, ayant complètement changée de mine, comme cherchant dorénavant à me plaire par tous les moyens. Certainement habitué aux mains-levés des invités des propriétaires des lieux, il s'attendait dorénavant à un geste généreux de ma part. Par conséquent, sa voix rigoureuse était devenue plus tendre et amicale, à la limite même du ridicule. Et ce fut de peu que ce personnage ambivalent selon les circonstances, en m'accompagnant jusqu'au salon principal, ne se prosterna à mes pieds. Du fait de la décoration intérieure essentiellement féminine, j'en déduisis aussitôt que cette résidence devait assurément appartenir à l'une des multiples conquêtes d'Hilaire, collectionnées dans les lycées et les universités de la ville. Lorsque je le rejoignis, il était assis sur le canapé, en compagnie d'une femme de la trentaine prononcée, à la taille fine et à l'allure distinguée. Suite aux salutations et aux présentations d'usage, Didier décida de me faire part de la situation qui le préoccupait autant.

Il y a une quinzaine d'années, lorsqu'il venait de rentrer au pays, nanti de son diplôme de *l'Ecole Nationale d'Administration* de Paris, Bau commença en tant que directeur de projet dans l'Enseignement secondaire. Il avait trente-deux ans lorsqu'il se maria, et trente-cinq, lorsqu'il eut son unique enfant avec sa secrétaire, à l'insu de sa femme. Léa Sinelle Bau était sa fille unique, son unique enfant, bien que née d'une relation adultérine. La majeure partie de ses biens étaient enregistrés en son nom, et il mettait beaucoup d'espoir en elle, l'ayant orientée vers une carrière financière, pour que de la sorte elle acquière les compétences devant lui permettre de gérer ses nombreux avoirs. Toutefois, depuis quelques années déjà, cette dernière, auparavant brillante dans ses études en sciences économiques, semblait de plus en plus abstraite, déconnectée de la réalité, comme si elle avait perdu le nord.

Elle ne sortait plus que très rarement et jamais de nuit. Elle qui dans le passé fréquentait des individus de son acabit et de sa classe sociale, ne se laissait plus voir qu'en présence de personnes, que sa mère qualifiait de toujours souriantes et polies. Ses moments de loisir étaient limitées à la guitare, à la flute et à la lecture de la bible. Et sa nutrition ! Plus que des légumes et des fruits ! Elle qui pourtant grignotait à tout coin de rue ! Son habillement aussi n'avait pas été épargné par ce changement radical. C'est ainsi que de voyant et dénudé par le passé, il était devenu des plus chastes et habillé. Même au niveau de l'école elle avait muté, ne s'intéressant plus trop au cadre économique, mais plutôt au commerce ambulant. Hilaire m'avait donc appelé pour que je puisse ramener sur la bonne voie cette brebis perdue et séduite par les marchands d'illusions contemporains, haranguant les foules aux esprits faibles par le biais des saintes écritures. Il avait essayé en ce qui le concernait de lui parler, mais rien n'y faisait ; espérant que du fait de ma jeunesse et de ma qualité de pasteur, je pourrai opérer ce miracle. Il invita alors la dame avec laquelle ils se trouvaient à appeler leur fille. Celle-ci arpenta de suite les escaliers capitonnés à leurs côtés, évoluant en spirale jusqu'au premier. Elle revint quelques minutes après, cette fois-ci, accompagnée d'une demoiselle qui, lorsque je la vit, me foudroya d'une flèche qui me pénétra jusqu'à l'âme.

Ô bon monsieur, je pensais l'avoir oublié, mais je me trompais. Le temps avait passé, mais l'adolescente simple, à la face ovale et à l'abondante chevelure crépue, derrière son ample blouse jaune lui servant de tenue de travail, était toujours présente, son image gravée à l'encre indélébile dans ma mémoire. Au premier regard, je la reconnu, et au moment même, tous les personnages, les décors, les sensations du récit interrompu reprirent place, augurant la suite de l'histoire. C'est comme une graine. Quand elle est plantée, elle doit produire des fruits. La fin ne se trouve ni dans sa semence, ni dans sa croissance, mais dans ses fruits, dans l'apport qu'elle apporte au monde environnant. Aucune rencontre n'est vaine, aucun lien créé n'est stérile ; car tout a un but, une issue noble pour ceux qui sont avertis. La jeune fille innocente au bonbon, sans que je ne m'en rende compte, avait un rôle à jouer dans ma vie, un rôle qu'à ce moment j'avais de la peine à définir, tellement j'étais confus par cette coïncidence que je qualifiais de surnaturelle. Je me décidai alors à laisser l'histoire suivre son cours, usant de tout mon calme afin de ne pas être emporté par les émotions.

Le vieil homme venait de diriger son regard en direction de Marion.

- Ô bon monsieur, dites-moi, que pensez-vous de la destinée ?
- Vous voulez dire le déterminisme ou la prédisposition des choses ? Si destin il y avait, si tout avait été écrit d'avance, alors pourquoi Dieu punirait-il encore le pécheur, justement créé pour le péché ? Pourquoi exercerait-il encore sa colère sur celui qu'il a lui-même prédestiné à être un vase d'usage vil ?
- En effet, vu de cet angle, la notion même de destin paraitrait injuste. Maintenant, Ô bon monsieur, essayons de la voir sous une autre perspective. Et si le but même de notre existence était de l'autre côté de l'entendement, au-delà même de notre réalité ? Je crois au destin, à une histoire singulière, écrite pour chacun d'entre nous en ce qui le concerne par la main divine. Une succession d'évènements reliés les uns aux autres, agencés avant même notre naissance avec une incidence particulière, une raison qui la plupart du temps nous échappe, et se dévoile bien après notre disparition, impactant sur ceux qui nous ont connus. Prenant racine dans une société dès notre prime enfance, pour la majorité d'entre nous, les débuts sont communs, illustrés par l'enfance et son inconscience, suivie de l'adolescence et ses tourments. C'est alors que le fruit de l'arbre de la connaissance est consommé, nous rendant libres d'agir à notre guise. À ce niveau, responsables de nos actes, le moment arrive où il faut faire un choix, embrasser le bien ou le mal, prendre son chemin entre celui de la

vie et de la mort. Un seul geste, une seule pensée, un acte irréversible, et nous avons défini le sens même de notre vie, quitte à assumer nos erreurs. Ô bon monsieur, maintenant permettez-moi de vous poser une question qui me tient particulièrement à cœur. Croyez-vous en un être supérieur au-dessus de toutes choses ?

- Assurément que j'y crois. Répondit Marion.
- Ô bon monsieur, tout comme vous, je crois que Dieu existe. Je crois qu'il est présent en toutes choses et que rien ne peut vivre sans lui. Beaucoup se targuent de dire qu'il laisse faire le mal, que la dépravation dans laquelle l'humanité s'est plongée le laisse indifférent, ne manquant pas d'asserter qu'il en est l'auteur. Mais c'est tout le contraire. En vérité, nul ne peut se prévaloir de ses propres turpitudes. L'homme ne récolte que ce qu'il a semé. Dieu nous a tous écrit une histoire de sa pointe empreinte d'amour, une merveilleuse romance pour sa gloire et le témoignage de sa toute puissance. Malheureusement, nous avons choisis des détours, influencés par la société et sa fausseté. Ne nous y trompons pas, nous ne sommes rien, sinon des instruments, des outils au service d'esprits supérieurs, tirant de la gloire au travers de nos actes, de nos pensées et de nos paroles. Chaque autorité, domination, principauté nous propose son histoire, et alors nous faisons un choix. Une option dans laquelle nous ne sommes maitres de rien, tous esclaves de l'esprit qui a communié avec notre être, lui faisant porter ses fruits.

Ce qui doit alors arriver arrivera, on n'y force rien. Au contraire, nous nous laissons juste conduire dans l'histoire, dont le but est la gloire d'une divinité, car en vérité, personne n'est capitaine de son bateau, jamais l'homme ne peut s'aider lui-même à marcher dans le bien ou le mal. Au final, pour d'aucun, la fin est faite de fruits de mort, aux raisons gorgés de regret, de haine, de jalousie, d'avarice, d'orgueil ; pour d'autre, de fruits pleins de vie et qui donnent la vie, faits de joie, de paix et de quiétude. Choisir le bien c'est mourir pour nous même afin de vivre pour Dieu, en entrant dans l'histoire pour laquelle il nous a prédestinés. C'est renoncer à tout non des lèvres, mais de la profondeur du cœur, remettre en cause toutes nos vérités préétablies ; c'est communier dans l'intimité parfaite avec le spirituel divin. Ce n'est qu'à ce prix qu'il nous donne les armes et les moyens pour le glorifier, d'être un témoignage au-travers de nos talents auparavant enfouis, mais désormais révélés. Par contre, se tourner et embrasser le mal, c'est se confier en soi-même, en nos forces

personnelles, en notre sagesse, dans les hommes et leur système de pensée, qui dirigent le monde et l'amènent inexorablement vers sa perdition, dans une toute autre histoire aux antipodes de la voie du Seigneur.
- A vous entendre parler, bien qu'à la fin il nous semble toujours que les choses n'auraient pu être autrement, tout est soumis à un choix, une décision subjective, qui aurait pu changer le cours de l'histoire...
- Tout à fait. Prenons un exemple palpable. Judas et Ponce Pilate. Deux personnes ayant joués un rôle prépondérant dans la mort de Jésus-Christ, le sauveur de l'humanité. L'un pécha à cause de son avidité d'argent, et l'autre par crainte des hommes. Ils auraient pu agir différemment s'ils avaient transcendés leur chair, s'ils avaient détestés leurs propres vies au profit de la vérité. Et pourtant, chacun en ce qui le concernait, avait reçu des avertissements d'anges. Tout est question de choix. L'opprobre, le péché sur leur tête, aurait pu être attribué à quelqu'un d'autre, s'ils avaient pris la bonne décision. La plus belle des victoires, consiste à prendre la ferme résolution de combattre les souillures et les convoitises enfouies dans les profondeurs de notre cœur, être déterminé à aimer à l'extrême. Et cela impose le plus grand des brisements, l'humiliation de nous-mêmes ; car parvenu à l'état de compréhension de notre petitesse en tant qu'individu, on se met à aimer l'autre. Sinon, pourquoi inviterait-on encore le pécheur à la repentance, sachant que son état actuel a été voulu de Dieu, jusqu'au jour où il lui fera grâce de le connaitre par sa Parole ? Ô bon monsieur, il est préférable à un homme de recevoir la semence de Dieu, sans être passé par une vie tortueuse.

En effet, les démons du passé ne sont jamais bien loin. Ils sont à l'affut, ayant pactisés avec des esprits maléfiques encore plus puissants qu'eux, attendant la moindre faille, le moindre moment d'assoupissement, pour reconquérir leur ancienne demeure. En ce qui me concerne, j'avais fait mon choix depuis belle lurette, recherchant effrénément ma propre satisfaction en toute chose, l'assouvissement de mes désirs d'élévation et de possession. Cependant, Dieu est bon, il est bon tout le temps. À chaque seconde il est présent, et nous exhorte tel un père à revenir vers la lumière. Lorsque nous faisons de mauvais choix, et nous engouffrons conséquemment dans les abysses les plus ténébreuses de la servitude, il introduit dans notre histoire de nouvelles personnes, de nouvelles circonstances, que nous qualifierons tantôt de bonnes comme de mauvaises, mais qui auront toujours le même but évident : nous confronter de nouveau à un choix, nous amener à choisir la vie, plutôt que la mort.

C'est ainsi que notre Dieu et Père à tous nous parle, nous faisant rencontrer des anges, et parfois des démons, afin que nous prenions conscience, et nous abandonnions entièrement au bien. Certains au prix du temps et des épreuves réalisent de quoi il est question, et, laissant l'histoire fétide et morose dans laquelle ils pataugeaient, ils s'engagent dans la soumission et l'obéissance à cette petite voix manifestant en nous l'amour de Dieu ; ils s'accrochent à sa Parole, qui, au fil du temps, se révèle à eux, l'implorant de toutes leurs forces de demeurer dans leurs cœurs. Alors la notion de choix est écartée, et désormais on se soumet à notre destinée véritable. Par exemple, Abraham, lorsqu'il fut instruit de sacrifier son fils, ne se trouvait plus devant un choix, mais une obligation. Il savait qui lui adressait cet ordre et était convaincu qu'il devait s'y soumettre. Et par ce geste, il fut Beni, entrant réellement dans ce qui lui avait été prédestiné. Malheureusement, pour la majeure partie, ce n'est qu'à la fin, au moment où ils se retrouvent dépossédés, avant que s'obscurcissent le soleil et la lumière, la lune et les étoiles, et que les nuages reviennent après la pluie, qu'ils se rendent compte qu'ils ont vécu dans le néant, dans la stérilité spirituelle, sans aucune réalisation, tout comme moi.

Ô bon monsieur, lorsque je la revis, lorsque je vis à nouveau cette jeune fille, je fus convaincu, au plus profond de moi-même que le lien à trois fils s'était tissé. Puis-je traduire par les mots cette sensation que j'éprouvai alors ? Le spirituel ne peut se traduire par la lettre, il se vit, il se ressent, et se communique par la profondeur, dans les cœurs disposés. C'est comme une imprégnation. Une profondeur, un langage bien au-delà de la sagesse et de l'intelligence humaine. Vous ne pensez pas, vous ne doutez pas, vous êtes justes animé par la ferme conviction de connaitre celui qui est devant vous, bien avant votre rencontre ; comme si ayant vécu avec elle une vie antérieure, dans une réalité parallèle, un passé ou un futur autre. C'est pareil à l'intimité entre une mère et son enfant, ce lien puissant qui se crée lors de la rupture du cordon ombilical, alors qu'elle pose les yeux sur le nouveau-né maculé de sang. A cet instant précis, elle oubli toutes ses douleurs, le temps s'arrête, et les deux existences communient. C'est une intimité désintéressée, profonde et empreinte de sincérité. Tout ce qu'elle veut c'est aimer, c'est par sa lumière, permettre à cette part d'elle-même d'éclore, d'être joyeuse et dans la paix. Plus rien ni personne ne les séparera, elle partagera ses douleurs et ses peines, se réjouira et pleurera, mais jamais ne l'abandonnera. C'est une histoire qui a été écrite bien avant leur création respective, et la mère le ressent. De même, sans connaitre Léa, je partageais déjà sa peine, empressé de panser son cœur.

Durant une demi-heure, Didier réprimanda sa fille sur les dangers des « églises réveillées », détournant les jeunes aux esprits faibles, au profit d'hommes sans foi ni loi. La voix cassée, il rappela à son unique enfant tous les espoirs qu'il avait mis sur elle, et la grande déception qu'elle lui procurait ces derniers temps. Assise à côté de sa mère, Sinelle resta calme durant le temps de son procès, faisant preuve d'une soumission qui ne fit qu'augmenter l'estime que j'avais pour elle. À la fin de ses propos, Hilaire, sans demander mon avis, décida de me confier l'encadrement de sa fille, lui ordonnant de façon très autoritaire d'assister aux cultes et réunions pour jeunes que je présidais, tant qu'il avait encore de l'autorité sur elle ; en d'autres termes, jusqu'à son mariage. Je ne m'attardai donc plus davantage, prenant congé de Bau et sa famille officieuse, après avoir fait part à la jeune fille des horaires de nos rassemblements.

CHAPITRE IV

- Lorsque j'étais plus jeune, j'avais toujours cru que par mes paroles, l'instruction et la science acquises dans les plus grandes universités des professeurs émérites, je détenais la faculté de changer les cœurs. De surcroit, au fil du temps, mon vécu était immanquablement arrivé à me convaincre de cela ; les multitudes éclatant en pleurs après mes prédications, décidant publiquement de donner leur vie à Dieu. Aujourd'hui, pourrais-je encore penser pareillement ? La Parole seule, l'Esprit divin, convainc et change les profondeurs inaccessibles de l'homme. Aussi, y ajouter une once de nous-mêmes, une infinitésimale bribe de notre connaissance livresque limitée, fausse toute la donne. Ô bon monsieur, comprenez et saisissez bien ma pensée ! Le combat des âmes, ce n'est pas nous qui le livrons, mais la Parole de Dieu en nous ; si bien sûr nous avons reçus cette grâce parfaite et imméritée du Dieu des lumières. Nous sommes juste un canal, de piètres porte-parole, dont la tache se résume à laisser cette dernière agir en nous. Ainsi, la plupart du temps, nous ne la comprendrons pas dans ses ordonnances, souvent nous n'arriverons pas à saisir ses desseins, du fait de notre corruptibilité humaine.

Cependant, c'est là toute la folle immensité de la profondeur divine ! Nous n'avons pas à comprendre, devant juste nous soumettre à la Vérité, la laisser accomplir excellemment son œuvre au-travers de nous ; lui permettant de faire usage tantôt de notre silence, tantôt de nos mots. À l'homme, rien n'est possible ; mais par la Parole semée en lui, la lumière luit et dévoile à tous ce qui est enfoui dans les profondeurs, afin qu'ils y renoncent et soient réellement libres. C'est comme une semence dans un lieu secret, une graine plantée en terre propice. Lorsque le cœur disposé a accepté la Parole et a arrêté de se battre contre sa croissance, il devient quasiment impossible de l'en extirper. C'est alors que la conversion devient véritable, non plus basée sur la croyance des lèvres et du raisonnement, mais sur celle de la foi. Cette Parole est toute-puissante ; elle était dès le commencement de toute chose, sainte et pure, lumineuse, vivante et créatrice. En effet, la création a été appelée à l'existence dans sa lumière de Vérité, afin que rien ne soit secret, que tout se fasse dans la sincérité du cœur, comme au grand jour. Elle est le reflet de la Gloire de Dieu, et rien ni personne, dans les cieux comme sur la terre, n'a de force devant elle. En un souffle, en une gestuelle, elle brise les forteresses, les raisonnements des sages de ce siècle, les humiliant jusqu'à la soumission parfaite à la Toute-Puissance divine. Ai-je confiance à un homme ? Nullement ! Même pas à moi-même, car j'en suis un moi aussi. Mais ma confiance totale se trouve en cette Parole spirituelle et vivante, puissante et agissante, qui habite en nous, nous dirige, nous fortifie, nous affermie et nous console, tel le chef d'orchestre de l'ouvrage parfait de Dieu.

J'ai rarement été confronté à des porteurs de Parole, étant habitué aux hommes de Dieu de renoms, tels que moi-même. Mais quand on en rencontre un véritable, par un concours de circonstances digne des plus grands cas fortuits, alors deux choses sont susceptibles de se produire : soit leur odeur est agréable, et on se sent directement liés à eux par l'amour fraternel, propre à ceux qui partagent le cœur et les pensées de Christ ; soit leur odeur est insupportable, fétide, nous révélant nos convoitises cachées, faisant remonter en surface la chair en nous, la jalousie, la haine, la rivalité, les disputes et les divisions ; et alors tout ce qu'on désire c'est les faire taire, réalisant qu'ils sont dangereux, profonds et appelant la profondeur. Ils transmettent la vérité et la sincérité avec simplicité de cœur, selon leurs propres fonds, inspirés de la Parole. En ce qui me concernait, Je me sentis lié à Léa dès la première seconde de notre rencontre. J'éprouvais le besoin de la connaitre, tel un appel qui m'était fait. Nous avions forcement quelque chose à nous communiquer, ça j'en étais convaincu ; et cette retrouvaille, des plus insolites, ne faisait que conforter cette conviction. Elle ne m'avait pas reconnu après tout ce temps ; mais de mon côté, mon cœur m'invitait à me rapprocher d'elle, comme si porteuse d'un message particulier pour moi. Une semaine. Il fallut juste une semaine à la Parole pour agir en Sinelle ; une période au terme de laquelle je réalisai ce qu'était reelement le spirituel.

Ma première expérience avec elle, fut lors d'un rassemblement entre jeunes dans le quartier général de notre église. L'assemblée comptait une trentaine de personnes, dont la moyenne d'âge était de vingt-quatre ans. En tant que modérateur, mon rôle était d'intervenir de temps à autre, lorsque les clameurs pouvaient se faire entendre, vu le tempérament imprévisible des intervenants. Le thème du jour portait sur la repentance. Bau s'était assise au dernier banc, comme faisant tout pour pouvoir passer inaperçue. Durant une quarantaine de minutes, les participants échangèrent librement, en se basant sur des passages bibliques se rapportant au sujet en question, interprétés à leur guise. Chacun donnait son opinion, même si il était clair que pour la majorité, cette notion centrale dans le christianisme, pouvait être conçue comme la confession des péchés, la cure d'âme, ainsi que l'acceptation de Jésus comme Seigneur et Sauveur. Il était également remarquable de constater que pour une bonne partie, les jeunes de la congrégation qui intervenaient, essayant assurément de donner du poids et de la crédibilité à leurs plaidoyers, revenaient sur ce moment mémorable où, en face du collège pastoral, suite à un moment de prière exceptionnel, assaisonné d'un air de mélodie contemplative sous le feu de l'onction, ils avaient décidé de donner leur vie à Jésus Christ. C'était ce jour-là, à cette date que personne parmi eux n'avaient oublié, qu'ils avaient fait la connaissance de la Vérité, qu'ils avaient rencontré le Christ, pour ensuite entrer dans les eaux du baptême.

Par ce cérémonial d'engagement d'une bonne conscience à Dieu, dont ils gardaient un certificat, ils avaient été lavés de toutes leurs impuretés, marchant désormais en nouveauté de vie. Mais sans s'en rendre compte, ils ne faisaient que manifester la doctrine de la communauté religieuse à laquelle ils appartenaient, étant passés, comme les anciens d'ailleurs, par cet enseignement, qui, aux yeux des fidèles, était devenu la norme. Après avoir suivi tout le monde, ce n'est qu'à la fin de la réunion, alors que je m'apprêtais à faire la prière de clôture, que mon invitée leva timidement le doigt, me demandant la parole. Sans même réfléchir, je la lui donnais, mourant d'envie de l'entendre parler. La jeune fille, la voix bien posée, s'exprima dans ces conditions en ces termes :

« Et si nous nous étions trompés ? Et si nous avions fait fausse route ? Si, en effet, c'est par le truchement de l'homme que l'homme reçoit la grâce de devenir enfant de Dieu, alors à qui revient reelement la gloire ? Seule la Parole brise l'homme et lui permet de changer. Et même, la plupart du temps, ceux qui la véhiculent et la plantent dans les cœurs, ceux qui ont reçu le prestige de l'arroser, sont ignorants de l'ampleur du travail qu'ils abattent, ne pouvant par conséquent agir avec orgueil. La Parole travaille dans le silence, sans spectaculaire, sans fanfaronnade ; elle œuvre sans bain de foule, sans reconnaissance, dans l'humilité et le secret, afin que la récompense ne soit pas terrestre et limité, mais plutôt céleste et éternelle. Les instruments du Seigneur se relaient et apportent chacun selon la portion qui lui a été donnée.

Certains prêchent et communiquent l'Esprit, d'autres protègent et veillent de jour comme de nuit, édifient et fortifient, tous opérant dans le même but, celui du salut de l'âme, du perfectionnement des élus. Aussi, la véritable repentance n'attribuera jamais le mérite à un homme, ou à une circonstance dans laquelle l'homme sera mis à l'honneur, mais uniquement à la Parole, à une expérience spirituelle profonde et sincère avec l'Inconnu. Le cœur brisé n'exprimera jamais avec ferveur un brisement venant de l'homme ; mais, au contraire, glorifiera tous les jours de sa vie le Père dans les cieux des cieux, qui lui aura accordé ce cadeau inestimable d'être en contact avec son amour. Certes, la repentance consiste à avouer ses fautes ; Toutefois, pouvons-nous avouer, reconnaitre ce que nous ne voyons pas ? Et si, à ce qui nous semble, nous voyons ; pouvons-nous apprécier selon la chair ? Seul un contact avec la lumière de Dieu nous permet de voir et de discerner la noirceur de notre cœur, l'inutilité de notre vie d'antan, nous invitant à implorer Dieu de nous en délivrer. La repentance ne se fait pas par un homme ; elle n'est rien d'autre que le travail de la lumière qui chasse les ténèbres, du bien qui exorcise le mal, se matérialisant physiquement par des lèvres tremblante et balbutiante, qui expulsent au dehors et publiquement tous les secrets pervers, enfouis dans le cœur. C'est là le prix et le sens d'une repentance. Et quiconque n'a pas été en contact intime avec la Parole de Dieu, avec Jésus-Christ le Véritable, ne peut se prévaloir d'être son enfant, honorant le Père des lèvres et non du cœur, cherchant de jour l'approbation des hommes, quand de nuit il se délecte du mal. C'est le cas de la plupart de ceux qui fréquentent les églises contemporaines, des hypocrites voulant porter le beau nom de chrétiens, sans se dépouiller au préalable de leur vaine manière de vivre. »

A la fin de son discours, il y eut un silence plat durant une bonne dizaine de minutes. Pour nous tous, c'était la première fois de recevoir cette doctrine. Évitant d'inciter la réflexion dans le cœur de ces jeunes encore influençables, je remerciai Sinelle pour sa participation, et clôturai par une prière très courte. Sur le chemin du retour, la raccompagnant jusqu'à Nkondengui, nous ne parlâmes pas. Je me contentai de l'observer, apprenant à la respecter ; car à tout dire, elle était différente. Certes très jeune encore, mais différente. D'où lui venait ce raisonnement ? Elle n'avait pas fait le quart des écoles par lesquelles j'étais passé, pour acquérir la science me permettant de devenir maitre dans la connaissance de la lettre et de sa mystique. D'où lui venait donc cette sagesse de langage ? La prochaine rencontre des jeunes devait avoir lieu le jeudi qui suivait. Cependant, complètement tétanisé par l'adolescente, je décidais de l'inviter le lendemain, afin de partager, et de la convaincre, si possible, de l'égarement manifeste dans lequel elle était.

Nous nous étions fixés rendez-vous au *Kofé Model*, un café-restaurant select du côté de l'hôtel de ville de la communauté urbaine. C'était un lieu que j'affectionnais particulièrement, du fait de la discrétion et du calme dont on pouvait y profiter. En effet, occulté par les grandes institutions qui l'encerclaient, à l'instar de la municipalité, et sa grande esplanade jalonnée de parieurs et vendeurs à la sauvette à l'est ; la Caisse Nationale de Prévoyance sociale, et son jaune d'œuf incrusté de verre au nord ; la cinémathèque nationale au sud ; ainsi que la grande avenue des banques, et ses gigantesques immeubles parés d'écrans publicitaires à l'ouest, l'on pouvait y converser sans la moindre gêne. Lorsque je franchissais son entrée en forme triangulaire, estampillée du nom du restaurant avec une avance de cinq minutes, je fus surpris de trouver Léa, adossée sur les grands bacs à fleurs qui constituaient sa clôture. Nous nous introduisîmes subséquemment à l'intérieur du complexe feutré, embelli d'une fontaine de marbre s'étendant jusqu'au plafond en bois d'ébène, aux motifs racontant brièvement l'histoire du Cameroun.

Ici, tout était rustique, que ce soit les meubles, les portes, ou encore le bar, donnant naturel et originalité à l'endroit aux odeurs exotiques. Une fois à nos aises, prenant place sur l'une des tables du côté gauche à proximité du ventilateur, vu la chaleur caniculaire, je n'attendis pas que la jeune fille commande. Sans perdre une seconde, je lançais aussitôt l'offensive. Après l'avoir apprécié sur son comportement soumis et la décence avec laquelle elle s'habillait, je lui demandais aussitôt où elle persévérait et qui était son père spirituel, connaissant nommément les leaders les plus influents du christianisme de la ville. La jeune fille dessina aussitôt la pureté du ciel sur son visage angélique, puis répondit : « Il est vrai que nous avons besoin de persévérer entre frères et sœurs ; nous ressentons chacun ce besoin indicible et permanent de partager d'un même cœur et avec des personnes qui nous ressemblent, cet amour que Dieu nous accorde à profusion. Oui, entre disciple de Jésus, l'Esprit nous pousse à nous soutenir, nous encourager, nous édifier. Maintenant, pensez-vous que les enfants peuvent prétendre aux choses des grands ? Pensez-vous que le spirituel pourrait un jour épouser le charnel ? Ce que Dieu attend de nous préalablement, c'est que nous renoncions à nous-mêmes, abandonnions tout pour nous consacrer entièrement à son œuvre. Il veut que nous le glorifiions et l'honorions au-travers de nos vies. Ce n'est qu'après cet effort individuel d'humiliation, après que nous nous soyons dépouillés de la chair, que lui-même nous dirigera vers d'autres humbles de cœurs, avec lesquels nous pourrons partager le spirituel. C'est là où j'en suis. Ne me prévalant d'aucune faveur divine particulière, ni d'aucun ascendant sur les autres, j'en suis encore au perfectionnement, à la sanctification par l'Esprit. Et à ce point déjà, loin d'être arrivé, nous avons plus d'un pas dans cette marche individuelle vers la lumière, qui, à chaque progression, nous dépouille de nos imperfections.

Durant cette avancée douloureuse, il peut advenir que Dieu mette quelqu'un sur notre chemin, afin que nous soyons encouragés, exhortés ou même brisés davantage. Mais est-ce en cela qu'avec ces frères et sœurs nous formons une communauté, une église physique pouvant s'attribuer une appellation? Est-ce pour cela que nous persévérons ensemble, subissant des souffrances similaires pendant notre course ? Aujourd'hui, nous nous disons chrétiens, avec tous les embranchements que comporte le christianisme ; mais c'est à tort. La vérité est que l'appellation de chrétiens avait été donnée en signe de raillerie par les païens à des personnes précises, partageant des pensées et des sentiments inconnus des hommes, pleins d'amour et de pardon. Ils étaient insignifiants, pauvres, faibles ; et pourtant, par leurs personnes, l'Esprit de Dieu, qui les accompagnait et attestait leur foi, accomplissait des prodiges et des miracles. Les véritables chrétiens, mus par le désir profond d'avoir tout en commun, vendaient ce qu'ils possédaient, et répartissaient leurs biens, de telle sorte qu'en leur sein il n'y avait aucun nécessiteux.

Ces possédés de l'amour divin mangeaient dans la même assiette, se lavaient tendrement et affectivement les pieds ; ils demeuraient ensemble dans le même lieu, assidus à la prière et au jeun ; leurs enfants naissant et grandissant dans l'enseignement du Seigneur. L'instruction était donnée par des êtres extraordinaires, des saints sur terre, comme Paul l'avorton, qui, ayant reçu le mandat de Dieu, par ses vêtements pouvait guérir les malades. Ces piliers de la foi furent persécutés pour la Parole, sciés, brulés, torturés, portés au ridicule devant les hommes, les anges et la création toute entière, en raison du beau nom de chrétiens ;pourtant, ils ne cédèrent rien, ils n'acceptèrent pas de se prosterner devant le prince de ce monde de ténèbres, gardant l'évangile véritable, la prédication de la croix. Pourrait-on en dire autant de nos jours ? A vrai dire, il n'y a plus que très peu de chrétiens. Ces derniers, en proie à l'extrémisme religieux, tenus pour fous par le monde, sont immolés chaque jour sans que personne ne s'indigne, égorgés pour leur foi, insultés, hués, portant leur croix sans jamais rechigner ; subissant les pires offenses, mais pardonnant à chaque fois, ne résistant plus au mal fait à la chair, afin que par la patience dans la douleur l'Esprit s'élève. Où est donc passé la puissance de la Parole ? N'y a-t-il plus de porteurs de Parole ? La Parole est spirituelle, c'est pourquoi il est impossible qu'elle soit portée par des personnes charnelles, par des bébés sans aucune maturité, des nourrissons venant juste d'être sevrés du sein maternel, qui, ayant été appelés, ayant frôlés les profondeurs insoupçonnées de la Vérité, pressés par le zèle des premiers jours, n'ont pas attendus d'être perfectionnés. Ces derniers, devenus religieux du fait de leurs limites, n'ont fait que produire des religieux bien plus pires qu'eux-mêmes.

Aussi, au fil du temps, et de l'évolution du monde, la pensée de l'église primitive a été remplacée par l'art et l'industrie humaine, par les grands vents idéologiques, sous l'égide des rois et princes de la réalité actuelle, faisant place au sensationnel, à l'émotionnel. Revenons par conséquent à la racine, demandons l'Esprit avec supplication au Père, afin que par sa grâce nous soyons sanctifiés ; car, ce n'est qu'à ce prix que l'église physique se manifestera à nouveau, en témoignage pour Dieu. Lorsqu'elle paraitra, tout le monde la verra, et de même que ce fut le cas dans le passé, de façon ironique, voyant leurs caractères extraordinaires forgés sur l'amour et la sincérité, ils se verront attribués un nom par ceux du dehors ; une appellation qui ne sera assurément pas celle de chrétiens. Les chrétiens s'en sont allés, remplacés par des religieux férus de dissolution, d'intempérance et d'hypocrisie. Ceux-ci ont éteint l'Esprit en enlevant de l'évangile le renoncement à soi-même, pour la jouissance des choses terrestres, la prospérité à tout prix.

Pour nous, nous sommes justes de simples porteurs de Parole, des mis à part sans aucun mérite, des graciés de la dernière heure, appelés à rendre un témoignage authentique de Jésus, la Parole faite chair. En effet, le Père de toutes choses lui a donné un corps, lui a fait des membres, une église par laquelle le véritable culte lui est rendu ; un culte sacrificiel basé sur l'amour, le pardon, la miséricorde, la patience, la charité, l'humilité, la douceur, la modestie, la sagesse. Comprenez-moi bien. Il ne s'agit pas de livre saint, de religion, il ne s'agit pas de loi, encore moins de convictions ; mais de Grâce. Aucune louange, prière ou jeun n'est possible sans l'Esprit, comme par la Parole, par Jésus-Christ. Toute coutume est nulle sans l'Esprit. Plus que jamais, l'accomplissement de la promesse du Père est palpable, les jeunes prophétisent et les vieillards songent. Les membres de la Parole se sont mis à accomplir chacun, en ce qui le concerne, sa part dans le grand dessein divin.

Certains, dans l'anonymat, sans même le savoir, en prêchant par leurs comportements, plantent la graine, leurs paroles, leurs gestes, leurs actions, ne laissant personnes indifférents ; pendant ce temps, d'autres arrosent et entretiennent. Il y a également ceux qui sont forts, quand d'autres sont faibles. Aussi, les plus forts protègent, soutiennent, partagent la tristesse et consolent. Nous nous sommes lamentablement trompés en croyant qu'être ministre consistait à faire des prosélytes, à s'accaparer des fidèles. Est-ce à la main d'avaler le pain qu'elle a rompu ? Et n'est-ce pas aux dents de mâcher ce qui est entré dans la bouche ? Nul n'a le droit d'assujettir les appelés de la Parole, à ses fins personnelles de gloire et d'élévation. Celui qui plante n'est pas le même qui arrose. Malheureusement, ils se sont mis à posséder, ils se sont corrompus du fait des éloges et des présents ; et aujourd'hui, il est trop tard, ils ne peuvent, et ne veulent même plus se séparer de cette gloire éphémère, possédés par Mammon.

En effet, si bien même, par le pire des hasards ils se décidaient à le faire, qui subviendrait encore à leur nutrition, qui se prosternerait à leurs pieds afin de recevoir leur bénédiction ? Qui propagerait encore leurs noms ? Qui évangéliserait encore pour eux et leurs grandes bâtisses ? Voici donc que la vérité réapparait à nouveau. Qui sont les anges, sinon des humains, dont les esprits, au prix de la souffrance et des sacrifices, sont parvenus à la perfection par la Parole agissante en eux ? Avons-nous oublié que si nous gardions fidèlement notre dépôt jusqu'à la fin, nous serions semblable aux esprits dans les cieux ? La Parole, lorsqu'elle a été faite chair, par le témoignage de Jésus, a ouvert la brèche, rendant possible l'impossible. Jésus, l'Oint de Dieu, a en effet été le précurseur en toute chose, il a ouvert le livre de la vie, il nous a permis de prendre, en lui, notre place dans l'histoire des saints, d'accéder au rang de dieux, d'esprits supérieurs. Forts de cette espérance, avant même que nous régnions avec Jésus pendant mille ans sur terre, vêtus de la véritable enveloppe incorruptible, durant notre pèlerinage dans l'évanescence, soyons déjà des lumières pour les autres, transportant le royaume des cieux jusqu'à eux par l'Esprit.

En humilité, prenons toujours exemple sur notre Seigneur, renaissons dans le dénuement de la crèche, avant de grandir dans l'enseignement du Père, et de recevoir l'Esprit de la grâce. Alors, après avoir été affermi par les épreuves, suite à la crucifixion de notre ego, nous pourrons boire notre coupe, nous aurons droit aux tribulations ; nous serons dignes à ce moment-là de l'Eglise véritable sans tache ni ride, réservée pour le temps de la persécution, devant être épurés et blanchis. Maintenant que puis-je ajouter ? L'Eglise c'est nous ; nous sommes le temple du Saint-Esprit. L'Esprit de vie habite dans sa création, et non dans des constructions mortes, faites de pierres. Lui seul est notre enseignant, le seul et véritable père spirituel. C'est vrai qu'il est mieux d'être deux que seul. Mais méfions-nous de celui qui est seul, prenons du temps avant toute conclusion hâtive à son encontre ; car, il est fort possible que son maitre, la deuxième personne, n'ayant pas disparu, aie communié à la perfection avec lui. Comment je sais toutes ces choses ? Je l'ai aies apprises de l'Esprit, cette voix au-dedans de moi. »

En vérité, je ne sus que dire face à son raisonnement. Le plus surprenant pour moi restait sa jeunesse. Une telle profondeur pour une adolescente de dix-neuf ans ! Sa maturité était manifeste et déconcertante, dépassant celle même des érudits dans le domaine. Que lui aurais-je rétorqué à ce moment précis ? Lui aurais-je raconté le fonctionnement de l'église primitive, pour lui démontrer qu'aujourd'hui, nous ne faisions que la perpétuer au travers des cinq dons de ministère ? Certainement pas, risquant à la moindre argumentation d'être pris à mon propre piège.

En effet, se référer à la communauté chrétienne, revenait à se conformer à la lettre à ses préceptes, à sa façon de vivre. S'identifier comme l'un d'eux, exigeait de se revêtir de la pensée, des sentiments propres aux apôtres et aux premiers disciples. C'était voir l'Esprit de Vérité témoigner de notre authenticité par des prodiges et des miracles. En fait je ne pouvais que me résigner à accepter ses propos ; car elle avait amplement raison. En vérité, les choses avaient changé. Ce n'était pas pour demain que je vendrais mes deux villas du Cameroun, encore moins celle de Saint-Tropez en bordure de la mer, afin que l'indigence ne soit plus d'actualité dans notre église. Je n'étais pas prêt à rendre en bien communautaire mon bolide Mercedes, stationné sur le parking en pavés du café ; et de surcroit, je savais évidemment que je n'abandonnerai jamais ma vie de nabab, dans le but d'aller prêcher dans les zones les plus éloignées et hostiles, m'exposant à la décapitation ou à la lapidation de la main d'extrémistes religieux sans foi ni loi. Je n'étais pas prêt à me placer devant la chaire, pour révéler à nos centaines de milliers de fidèles dans le monde, enrichissant la congrégation de leurs dimes et offrandes, que ce n'était pas à nous qui avions planté, en même temps d'arroser et de faire croitre ; je n'étais pas disposé à leur dire qu'ils étaient libres en Jésus-Christ, pouvant quitter notre communauté, en vue de répondre à l'appel de Dieu de façon individuelle. Il était impossible que je leur encourage à écouter l'Esprit, encore moins le leur présenter comme le véritable enseignant, pouvant de la sorte dévaluer nos propres enseignements, et faire baisser notre chiffre d'affaires. Je restai donc une nouvelle fois sans mot dire. J'étais impuissant pour la première fois de ma VIe. C'est alors que, cherchant une voie de sortie, j'orientai aussitôt notre conversation vers un autre sujet, l'invitant à me parler de sa vie. Léa eut un moment d'hésitation, me fixant une seconde, puis se lança, me racontant le plus beau des témoignages qui me fut donné d'entendre, lequel, ce jour-là, embua mes yeux de larmes sincères :

« Voilà, dit-elle d'une voix remplie d'émotions, enfant, je suis née dans une famille chrétienne non pratiquante. J'ai entendu parler de Jésus, mais je ne savais pas vraiment ce qu'Il a fait pour nous pécheurs. La première fois où Jésus a fait de grandes choses dans ma vie, c'est quand j'avais entre 4 et 5 ans. Avant que mon père ait connaissance de mon existence, la propriétaire de la maison où on a vécu était mourante, âgée de 80 ans environ, dans l'agonie, allongée sur son lit. J'avais eu peur qu'elle décède, car si jamais elle mourait, ses enfants partageraient l'héritage, et nous mettraient dans la rue sans hésiter. Ils ne nous ont pas vraiment porté dans leurs cœurs. C'est ainsi que je suis allée prier Dieu avec foi, dans la cour, toute seule dans un lieu secret. Alors que j'étais en train de m'adresser à Dieu, la vieille femme commençait de son côté à reprendre ses forces. Le médecin qui la soignait était convaincu qu'elle allait mourir, car sa tension artérielle était très basse ; mais, à son grand désarroi, elle reprit vie par miracle. Après cela, je commençais à chercher Dieu et à comprendre le sens de la vie sur terre ; malheureusement, je n'ai pas eu de réponse. On a rencontré pas mal de prédicateurs, dont protestants, témoins de Jéhovah et pleins d'autres qui nous ont enseigné la Bible, mais je n'ai pas eu de réponse. Je n'ai vraiment rien compris à la vie. Alors j'ai tout laissé tomber. Adolescente, j'ai tout oublié, plus de Jésus dans ma vie. J'étais comme les autres ados qui se préoccupaient de leurs études, leurs relations et leurs apparences, et tout le reste. Satan en a bien profité pour faire de moi une autre personne. Avec la rencontre de mon père et mon changement de statut social, J'étais devenue arrogante et j'aimais les plaisirs de la vie comme la mode, la beauté, le maquillage et toutes ces choses mondaines qui nous détruisent. J'étais dominante et ambitieuse, j'obtenais tout ce que je désirais, jusqu'au jour où tout a basculé. Jésus est de nouveau entré dans ma vie, en bouleversant tout. J'ai perdu totalement tout, ma puissance, ma force de caractère, mon intelligence, mes amis ; j'étais misérable, seule et triste. J'ai cherché tous les moyens pour retrouver la vie que j'ai vécue, mais c'était en vain. Un matin, j'ai même eu l'idée d'aller voir un voyant. Sur la route, un vent violent m'a bloqué et m'a repoussé. Cela m'a fait peur et je me suis mise tout de suite à retourner chez moi.

Quelques semaines plus tard, j'ai contacté un pasteur d'une église secte, célèbre pour faire des miracles. Je lui ai demandé de prier pour moi et m'aider à retrouver le bonheur, mais il n'a rien pu faire. Il m'a dit qu'il y a une force démoniaque qui m'emprisonne. J'ai tout essayé, mais aucun changement. Un jour alors, j'ai décidé de prier en pensant que Dieu pourrait m'écouter de nouveau. Au moment où j'ai prié, je me suis rendu compte de tous mes péchés, et je me suis mise à demander pardon au Seigneur. Je lui ai fait la promesse que je lui appartenais à compter de ce jour. Et je lui ai demandé aussi de m'aider à faire la différence entre le bien et le mal. A partir de ce jour, j'ai commencé à étudier avec prière la Bible et à changer ma façon de vivre, en restant en contact permanent avec le Seigneur par la prière, concernant toutes les choses qui ne l'honoraient pas et que j'avais faites dans la vie. Je sentais alors que Jésus m'a pardonné. Ma vie n'a pas changé, mais j'étais heureuse, plus sereine. Je me suis mise dans la tête que ma vie ne peut pas être aussi dure que le sacrifice de Jésus sur la croix, donc je n'osais plus rien Lui demander, surtout pas de l'argent. L'amour du Seigneur me suffisait.

Au lieu de lui demander de me donner une vie plus meilleure, je lui ai demandé de me donner la sagesse de discerner le bien et le mal, parce que je risquais à nouveau de faire des bêtises dans la vie. Il a alors exaucé ma prière ce jour-là. J'ai commencé à discerner des choses étranges. Je voyais des fumées blanches qui se promenaient partout, surtout dans les lieux où je ne devais pas être. Partout dans la maison, il y avait ces fumées et je sentais des présences. J'ai eu peur, et lui ai demandé ce que c'était, mais je n'ai pas encore eu des réponses. Lorsque je voyais alors ces choses, on les prenait en photo. C'est alors qu'on a discerné des formes sur les photos. Mon odorat est devenu aussi très sensible ; conséquemment, je commençais également à sentir des odeurs de mort. Après quelques jours aussi, le toucher. J'ai raconté tout cela à ma famille, mais personne ne l'a cru. Une nuit, alors que je m'apprêtais à aller dormir, je suis allée dans la douche, quand quelque chose m'a frappé sur les jambes. Je me suis mis à genoux, et ai imploré le Seigneur pour me venir en aide. J'ai prié à haute voix devant toute ma famille ce soir-là, en implorant son secours. J'ai pleuré. Ma mère a eu très peur et est allée appeler des hommes de foi qui habitaient pas loin de chez nous. Quand je me suis retrouvée seule avec un parent à côté qui me tenait les mains, toujours à genoux, une vive lumière s'est éclairée dans la pièce où on était, et un souffle merveilleux s'est posé sur moi. La personne à coté l'a aussi senti, à travers mes mains qu'il a tenues. Ce souffle merveilleux m'a donné une sensation de paix merveilleuse, comme je n'en avais jamais senti auparavant, pendant quelques minutes. Je ne voulais pas que cette sensation de paix s'atténuasse, tellement cela était merveilleux, l'atmosphère céleste.

J'ai raconté tout ce qui s'est passé à ma mère et aux hommes de foi qui voulaient m'exorciser, mais ils n'ont pas vraiment cru à mon histoire. Cette nuit, j'ai eu très froid, et je suis devenue très pâle. Je tremblais comme une feuille pendant des heures. Personne n'a eu d'explications à me donner. J'ai eu encore très peur en allant dans ma chambre pour dormir. J'ai amené ma Bible avec moi. Je priais Jésus comme tous les soirs dans mon lit, quand Il m'a dit dans l'esprit de me dépouiller de toutes les mauvaises choses qui étaient sur moi. Il a dit clairement qu'Il est Saint et que ceux qui le suivent doivent être saints. Il m'a aussi dit clairement qu'Il est entrain de séparer les brebis des boucs, et qu'il faut qu'on soit saint pour être élu. Cela a été très clair dans ma tête, Il m'a dit d'enlever mes ornements et de ne plus toucher aux maquillages, aux habits qui me donnaient un style masculin, aux chairs d'animaux impurs et bien d'autres choses impures qu'Il n'aimait pas que je touche. Quand je touchais à ces objets, je sentais une très forte chaleur, et celles-ci dégageaient des fumées blanches. J'ai décidé alors de tous les brûler. Cela a réjoui le Seigneur et Il m'a donné plus de force et de courage. Les hommes de foi qui sont venus chez nous, nous ont invités à prier dans leur église un dimanche. Ils m'ont dit que j'en avais besoin pour me délivrer de ces esprits diaboliques. Le jour où je suis rentrée dans leur église, j'ai senti de nouveau une forte odeur de mort, comme si j'étais dans un sépulcre, et je voyais de la fumée blanche partout.

Au moment où j'avançais vers l'autel, une force m'a retenu les jambes et d'autres m'ont poussé vers l'arrière. J'avais eu aussi comme une grosse boule dans la gorge, et j'étais étouffée. J'ai alors couru vers la porte pour sortir. Ils ont vraiment pensé que j'étais possédée. Pensant qu'ils ont eu peut-être raison, j'ai accepté d'être exorcisée. Mais au moment où ils m'ont fait cela mes sens se sont encore décuplés, et j'ai senti que ces hommes étaient des pêcheurs. J'ai senti toutes leurs faiblesses. J'ai prié Jésus le soir pour m'aider à comprendre tout ce qui se passait, et c'est ainsi qu'Il m'a fait connaître que c'était la réponse à mes prières. J'ai un don de discerner les esprits.

Au début, j'avais peur quand je faisais face à l'ennemi, mais plus je m'approche de Jésus, moins j'ai peur du diable. Aujourd'hui, je ne sens plus ces présences continuellement, mais j'arrive à les identifier avec prière. Je me suis exercée à utiliser ce don. En priant, Jésus me fait connaître quand un endroit est mauvais, quand il y a des forces maléfiques à proximité, j'arrive même à sentir les maux des gens. Au début, j'ai vraiment pensé que je suis malade; mais en réalité ce n'était pas moi, mais ceux qui s'asseyaient à côtés de moi dans les transports publics par exemple. J'arrive aussi à sentir des choses, même de loin. Voilà, une partie de mon histoire. Il y en a encore beaucoup à dire, mais c'est le plus incroyable et merveilleux que j'ai vécu. Aujourd'hui, j'essaie de partager l'amour de Jésus aux autres dans la vie de tous les jours, sur internet et en dehors, en usant des talents qu'Il me donne. Il n'y a que très peu de personnes qui connaissent mon histoire, car elles ont toutes peur de ces choses surnaturelles. Cela leur paraît impossible, mais c'est la vérité. »

Nous passâmes trois heures de temps dans le restaurant. Une période durant laquelle j'écoutai plus que je ne parlai. Et plus l'adolescente s'exprimait, comme submergée par une force qui la consumait de l'intérieur, davantage j'étais conquis, captivé non seulement par sa parole, mais encore par sa candeur, sa pureté ; telle une bonne odeur, un sentiment de paix qui ne pouvait qu'être communiqué. Après cette rencontre mémorable, je pris le temps de réfléchir ; et pour la première fois, envisageai le fait que je n'étais peut être chrétien que par convenance, juste parce que j'avais grandi dans une famille partageant cette obédience. Mais je luttais encore contre moi-même, refusant d'admettre cette vérité. La graine était plantée ; malheureusement, les ronces et les épines symbolisant mes convictions, ma vision de la chrétienté, mes obligations dans le ministère, ainsi que ma vie digne d'envie, l'empêchaient de croitre. J'avais de grands biens spirituels et physiques ; et refusais de m'en défaire. C'est ainsi que le jeudi qui suivit, c'est avec beaucoup de peine que je me rendis à la réunion des jeunes devant se tenir au sud de la ville, plus précisément au quartier Odza, n'ayant aucune envie de me retrouver en face de Léa. Toutefois, à la dernière minute, quelque chose en moi me pressa presque avec violence de me rendre au lieu de rassemblement. J'accusais alors un grand retard, trouvant que les intervenants, pouvant s'évaluer à une bonne quarantaine, avaient déjà entamé le thème du jour, portant sur l'amour. Sinelle avait gardé sa place habituelle, ainsi que son calme inné, suivant le partage avec le plus grand intérêt.

Pour la plupart, aimer consistait à faire du bien, à ne pas offenser ; s'atteler à vivre une vie pacifique. Aimer résidait dans le fait de venir en aide aux nécessiteux, aux affligés, de soutenir les déshérités, tels la veuve et l'orphelin ; brièvement, faire preuve de générosité. L'amour devait aussi et avant tout se manifester dans le cadre de l'église. Ici, les fidèles devaient mettre en pratique la doctrine qui leur était enseignée par les ministres de la parole. Déjà, néophytes, ils avaient obligation de cultiver l'assiduité dans les différents principes fondamentaux comme les dimes et les offrandes, ainsi que la pénitence, l'entretien des locaux de la congrégation, les travaux champêtres dans les grands domaines agricoles des anciens et des pasteurs. Ils devaient montrer de la constance pour le culte, ainsi que pour les autres cérémoniaux propres à la communauté, à l'instar du sabbat et de la sainte scène. Quant à l'amour fraternel, il consistait à persévérer avec les frères, se réunir en cellules de prière, et ne rien partager avec les non-croyants. Il fallait également évangéliser les « égarés », ces chrétiens qui ne partageaient pas nos convictions, ces pécheurs pires que les païens, que les prédicateurs qualifiaient d'« enfants de malédiction ». Cette fois-ci, Bau ne prit pas la parole, se contentant de crayonner des notes sur son calepin. À la fin du culte, comme d'habitude, je la raccompagnai jusqu'à chez elle au quartier Nkondengui. En chemin, je lui demandai ce qu'elle avait retenu de l'étude biblique. Et sa réponse, pleine de profondeur comme à l'accoutumé, ne se fit pas attendre : « L'amour. Si l'homme entreprenait d'écrire sur ce thème, le monde même ne pourrait contenir le nombre d'ouvrages qu'il en résulterait. L'amour est infini, inconnu, infranchissable dans son entièreté. Aujourd'hui, j'ai entendu des jeunes parler de ce sentiment divin selon ce qu'ils savent, selon ce qui leur a été enseigné. Mais l'on-t-ils jamais éprouvé ? L'ont-ils un jour expérimenté ? Ce sont-ils jamais senti véritablement aimé ? Je ne me suis pas prononcé, tout simplement parce que le but à atteindre n'est pas la dispute, mais l'édification. En effet, apporter une idée contraire à l'opinion commune à ce moment précis n'aurait fait que diviser, quand nous tous, membres d'un même corps, devions être unis dans les mêmes pensées et les sentiments de Jésus-Christ. C'est là même le fondement inébranlable de l'amour : l'abandon de ses propres convictions, de sa propre justice, de ses principes mêmes de vie, pour la gloire de Dieu, au travers de la manifestation des fruits de son Esprit. Voulons-nous vivre l'amour ? Alors laissons la Parole de Dieu nous transformer, laissons la prendre possession de notre Vie.

Aimer c'est comprendre l'autre et arrêter de se comprendre, c'est donner à autrui, par le langage du cœur et non du raisonnement, la bonté, la patience, la charité, le désintérêt, le pardon, la tempérance. L'amour est un cadeau, une grâce divine qu'on n'apprend nullement à l'école, mais qu'on vit pleinement lorsqu'on la reçoit, la répandant inconsciemment autour de nous. Maintenant, l'homme peut-il aimer ? Malheureusement, non. Il lui est impossible d'aimer, car imparfait, fait de chair, dirigé par les désirs égoïstes de celle-ci. Seul Dieu aime, car l'amour, dans sa perfection, est un sentiment divin, qu'il n'appartient qu'à ceux à qui le Tout-Puissant a donné son Esprit d'en faire l'agréable expérience. L'homme est dénué d'amour. Raison pour laquelle il a besoin de Jésus-Christ, afin, non qu'il apprenne à aimer, mais qu'il aime. Pour aimer il faut que la chair meure, il faut que, sous la pression écrasante de la Parole, elle soit brisée. Après cette douleur, après la souffrance du dépouillement de notre ego, le monde devient soudain minuscule, nous communions avec la création toute entière, nous nous émerveillons devant son Créateur. Nous nous réconcilions miraculeusement, non seulement avec notre être intérieur, comprenant désormais la symbolique même de notre propre corps physique ; prenant conscience de la valeur de notre âme et de la nécessité qu'elle soit protégée par Jésus-Christ ; mais aussi, nous embrassons le monde extérieur, considérant à présent les moindres détails de sa beauté, le gazouillis des oiseaux, la caresse du vent, les battements de cœurs, l'air frais dans nos narines, le bruissement de l'herbe, la lumière du soleil faisant scintiller la verdure, la fourmis minuscule dans sa marche journalière ; tout prend véritablement sens. On veut à présent tout donner pour rendre cela encore plus beau, encore plus pur et sincère, en enlever la perversité ; ne voulant plus rien garder pour nous-mêmes. On se rend compte de la perfection de l'autre, on le prend à sa juste valeur, comme étant le témoignage des membres de l'Eglise véritable, de Jésus-Christ. Nous nous mettons alors à aimer cette œuvre achevée, sans rien y ajouter, ni conviction, ni barrière raciale, ou religieuse. Et tellement l'accent est mis sur l'autre, que nous arrêtons de nous soucier de nous-mêmes.

S'en suit alors l'oubli de nos soucis et de nos inquiétudes individuelles pour ceux d'autrui ; sortant de nos mémoires nos maladies, libérant de nos cœurs la peur de mal faire, l'appréhension de ce qui adviendra après la mort. Il n'est désormais plus question d'une quelconque religion, au-travers de constance dans une église, du respect des rudiments, des lois établies par les hommes, de l'anxiété face à l'enfer, et de la quête d'un paradis acquis au prix de nos efforts, mais de liberté totale. Les membres de notre corps éprouvent dès ce moment de l'aversion pour le mal, non parce que nous craignons une sanction, mais parce que nous ne voulons aucunement décevoir celui qui nous inonde d'autant d'amour. Nous n'avons plus peur de succomber, puisque dans les moments les plus difficiles, dans les tourments les plus accentués, le feu de sa miséricorde extrême, ainsi que les changements miraculeux opérés de sa main dans nos vies nous servent de boucliers. Néanmoins, l'amour, immense comme il est, ne se limite pas à cela, revêtant un caractère davantage spirituel, plus extrémiste je dirais même.

Il est écrit que parce que Dieu a aimé le monde d'un amour indéfinissable, il a envoyé son fils, afin que par lui, quiconque croit obtienne le salut. C'est ici l'amour à son état le plus inaccessible humainement : le désir effréné, le souhait viscéral, que toutes les âmes des hommes soient sauvées, que tous les hommes communient avec la Parole de Dieu, et entrent ainsi dans la VIe. La plus grande preuve d'amour est de transmettre la vie à ceux qui meurent. Elle est le don gratuit de Jésus-Christ, par la prédication de la croix, du renoncement total à soi-même, ainsi qu'une vie modèle, basée sur la joie, la paix et la quiétude. Il ne s'agit pas seulement des hommes, mais de toute la création, des cieux comme de la terre, tous languissant après cet amour perdu. Ne nous leurrons donc pas. Faire le bien est noble, et n'offenser personne l'est encore plus. Toutefois, faudrait-il encore savoir dissocier le bien du mal ; car l'homme ayant un cœur de nature tortueux, il lui arrive bien souvent d'accomplir de bonnes actions pour de mauvaises raisons.

En effet, plusieurs personnes, parmi les grands de ce monde, font des dons importants aux déshérités, construisent des orphelinats, des hôpitaux, des lieux de retraite pour le troisième âge…mais le font-ils par amour ? Si je te donne de l'eau ne servant qu'à épancher ta soif du moment, et que je te refuse celle qui délivrera ton âme et te fera héritier d'une vie pour l'éternité, t'aurais-je reelement aimé ? L'amour ne saurait être matériel, il est spirituel ; car sans Esprit, il n'y a pas d'amour. C'est par cette entité puissante descendant du royaume des cieux qu'on aime, et sans elle on ne peut aimer, le don ayant besoin d'un donateur. Beaucoup se glorifient d'aider, de soutenir ceux qui souffrent. C'est une bonne chose d'être ainsi. Pourtant, si ce n'est par l'Esprit, cela est limité, terrestre. La récompense pour notre geste est obtenue sans aucune autre Esperance. Les ovations, les prix, les nominations sont notre part ; des élévations éphémères fanant comme la fleur de l'herbe ; puis, plus rien. Par contre, lorsque la Parole de Dieu agit, l'homme contrit ne s'élève plus, mais tout au contraire se rabaisse, remettant toute la Gloire à celui qui lui permet d'accomplir toute chose.

L'Amour consiste à donner sa vie pour les autres, se briser plus bas que terre, meurtrir sa chair, supporter ses douleurs et apprendre à vivre avec ; changer les insultes, les calomnies en bénédictions. Aimer c'est pardonner, prier et jeuner pour ceux qui nous offensent, afin que Dieu, voyant notre amour sincère et notre désir de les voir sauvés tout comme nous, attire les cœurs à Jésus-Christ afin qu'ils soient changés. Pour les parents, aimer c'est être responsables des enfants, les instruire sur les voies du Seigneur. C'est savoir que nous rendrons compte de l'égarement de notre progéniture, et par conséquent, s'impliquer dans leur croissance, leur apprendre la crainte de Dieu, le pardon et l'humilité. Alors, comment se fait-il que de nos jours, les porteurs de Parole, ceux-là mêmes qui devraient communiquer l'amour divin, faire profiter aux autres des fruits de l'Esprit, se mettent à les transmettre à prix d'argent ? Peut-on vendre l'amour ? Peut-on marchander des prières ? Soit. Mais nul n'est dans l'ignorance du fait que quiconque se voit auréolé sur cette terre, quiconque se retrouve béatifié par les hommes et leur jugement appréciatif perverti, a déjà reçu sa récompense en ce siècle passager. Ainsi, tout porteur de Parole ayant reçu mandat de Dieu, qui se voit encensé et honoré, faisant bonne chair au détriment des pauvres en les dépouillant de leur subsistance, sera réprimandé sévèrement lors du jugement de l'Eglise. Les hommes, au-travers du christianisme, corrompus par la dissolution du modernisme et de l'évolution, ont chassé l'Evangile de la croix, entrainant le refroidissement de l'Eglise, par la perte conséquente des dons et fruits de l'Esprit Saint. Ils se sont façonné un autre Jésus, un seigneur charnel, invoqué afin de satisfaire leurs convoitises mondaines. Ils ont fait alliance avec les esprits du monde et de la religion, substituant l'Esprit de Dieu au sensationnel et à l'émotionnel ; si bien que de nos jours, le beau nom de notre Sauveur, de celui qui nous donne la Vie, est couvert d'opprobre, rattaché à l'impudicité, aux divisions, disputes, querelles, sorcellerie, magie entre frères. Pensons-nous que l'Eglise Véritable, érigée sur le solide fondement de Jésus-Christ, et dont les membres baignant dans l'Esprit sont liés par l'amour, peut être divisée ? Il est triste d'avouer que les scandales de l'Eglise sont manifestement devenus pires que ceux du dehors.

Tout n'est plus qu'abominations, satisfaction effrénée des désirs profonds inavoués de nos chairs, mus par les différents démons qui se sont mis à nous posséder. Nous avons été perdus par notre folie des grandeurs, notre envie de reconnaissance, notre sagesse et nos convictions propres. Je pense qu'il est encore possible d'aimer ; mais seulement lorsque la semence de la Parole demeure en nous. Toutefois, pour qu'elle demeure, il y a un prix à payer. Au préalable, nous devons faire la propreté, libérer les esclaves, renoncer à notre ancienne vie, abandonner nos ambitions, notre futur, effacer l'ancienne histoire. Une fois que la maison sera balayée, toutes ses chambres libérées par ses anciens pensionnaires, devenue propre et hospitalière, la Parole pourra alors s'y installer, établir sa seigneurie dans toutes ses pièces. Peut-on aimer sans avoir renoncé à nous-mêmes ? Impossible. Le renoncement implique l'abandon de notre propre personne, la crucifixion de nos besoins, de nos envies égoïstes et possessives, l'acceptation des douleurs, la vie dans la faiblesse, pour le salut des âmes. C'est comme une rose dans toute sa splendeur. Aimer consiste à tout faire pour qu'elle reste aussi resplendissante, et de la sorte, éblouisse notre vie quotidienne. Alors on l'arrosera, on la contemplera, on chantera pour elle, et on la taillera quelques fois ; mais jamais on essayera de la posséder, quitte à cela nous meurtrisse, de peur de la voir mourir. Il n'y a pas d'amour sans souffrance, et celui qui a peur d'être offensé ne peut aimer. Hors, celui qui en a fini avec la douleur, à presque gagner le combat contre lui-même. »

A chaque fois que j'écoutais la jeune fille frêle et maigrelette, c'était comme si elle s'adressait directement à moi. Sans me juger, elle était arrivé à être par sa seule présence, un jugement pour ma propre conscience. J'étais continuellement interpellé, appelé à me questionner, envisageant désormais la probabilité d'une nouvelle orientation de ma vie. Mais jusque-là, je combattais toujours, sachant où elle désirait m'amener. Je n'étais pas prêt à porter ma croix, à tout abandonner ; Je n'étais pas prêt ! Depuis notre rencontre au *Bois Saint Anastasie*, cherchant à fuir mes soucis et à me décharger de mes grandes responsabilités, Dieu m'avait envoyé Sinelle comme réponse ; il m'avait envoyé son ange pour m'asserter que ma liberté se trouvait dans l'abandon de la réalité chrétienne pour la vérité en Jésus-Christ ; la séparation totale d'avec les biens et les honneurs que la religion m'avait apporté, pour la soumission et l'obéissance à l'Esprit de Dieu.

Malheureusement, je me battais de plus belle contre cette évidence, que je savais pourtant conforme à ce qui me restait de vérité dans le cœur. Cette situation était devenue particulière, effrayante à la limite ; car l'adolescente n'avait rien d'ordinaire, carrément déconnectée du monde, d'une insignifiance en plein contraste avec les paroles puissantes et bouleversantes sortant de sa bouche d'enfant. Et malgré ma réticence, malgré mes faits et gestes, essayant toujours de manifester de l'ascendance en face d'elle, je ne pouvais plus me défaire de sa présence, voulant toujours profiter de la paix, de la joie et de la profondeur qu'elle communiquait. C'est alors que le vendredi qui suivit, elle me proposa de l'accompagner dans son assemblée. J'acceptai tout-de-suite, impatient de rencontrer enfin l'endroit où Sinelle persévérait, et encore plus la personne qui lui avait appris autant de choses.

Je me levais de bonne heure ce jour-là, Léa m'ayant fait savoir que la réunion aurait lieu dans l'après-midi. C'était une belle journée ensoleillée, aux nuages bleutés et légers. L'astre lumineux étendait alors ses rayons sur les toitures et les ruelles rouges de la ville aux sept collines. J'avais hâte de voir Léa, empressé de découvrir son père spirituel ; afin d'échanger avec lui sur certains points, à l'instar du sujet de la dîme et des offrandes, ainsi que de l'église et son fonctionnement. Je passai donc toute la matinée à réviser sur ces thèmes, m'armant de plusieurs versets bibliques, essayant de mémoriser par cœur ceux que je découvrais, pour me rendre plus crédible. Je me doutais que la tâche ne serait pas du tout facile ; celui qui avait enseigné l'adolescente devant être assez fondé sur les écritures. Mais je savais que si je réussissais à remettre en question son enseignement, si je parvenais à en faire ressortir certaines limites, cela me suffirait à le discréditer auprès de ses fidèles ; pouvant par la suite leur proposer quelque chose de meilleur, une assemblée dans laquelle ils découvriraient la Vérité, et pourraient enfin gouter à la joie de la prospérité en Jésus-Christ.

C'est ainsi qu'aux environs de treize heures, je pris la route du quartier Nkondengui, après avoir reçu la visite de quelques fidèles ayant eu besoins de prières personnelles et de se confesser. Au niveau du centre-ville, plus précisément au marché des fleurs en face de l'ancien *Cinéma Abbia*, je vis un ravissant bouquet de roses, qui me rappela directement les paroles de Léa sur l'amour, décidant alors de lui faire une surprise à la fin du culte. Je m'empressai de l'acheter et l'enfouir dans mon sac, gardant le tout sur la banquette arrière. De l'autre côté de la métropole, je trouvai Sinelle assise sur un banc à l'extérieur de la maison, en présence du cerbère de l'autrefois, en pleine conversation. On aurait eu de la peine à croire qu'entre eux existait une relation de maitre et de subordonné, les deux se lançant des vannes, et s'envoyant des tapes de temps à autre. J'observai de loin la scène déconcertante, témoignant davantage de la simplicité de Bau pendant une dizaine de minutes, puis manœuvrais mon véhicule jusqu'au jardin embellissant la devanture de la demeure.

Nous quittâmes alors le quartier de Yaoundé quatrième, pour nous retrouver une heure plus tard, à cause des embouteillages, au *Carrefour Omnisport*, se distinguant par le vieux stade de Mfandena en perpétuelle réfection, et ses gradins aux couleurs du pays. Les degrés de l'arène, défraîchis par le temps et les intempéries, étaient surplombés du « *chabba* », repère de tous les voyous de la capitale lors des matchs importants de l'équipe nationale, caractérisé par son odeur très forte d'urine. Bifurquant du côté de siège de la société *Matrix Telecom*, après avoir traversé la *Station Pétrolex*, ainsi que le gigantesque bâtiment du supermarché *Santa Lucia Omnisport*, nous atteignîmes bientôt le quartier résidentiel de Ngousso, et ses grands immeubles poussant tels des champignons, dans ce pays dit pauvre et sous-développé. Nous roulâmes encore sur quelques mètres à la vitesse d'une tortue, du fait des bouchons, jusqu'à la *Station Total Ngousso*, délaissant la route de l'hôpital général pour celle de Soa, désormais plus fluide.

Par conséquent, nous ne mîmes plus que cinq minutes sur l'autoroute à deux chaussées, séparées par un terre-plein central parsemé de lampadaires, disposants de plaques solaires comme source d'alimentation ; quand Léa m'apprit que nous devions récupérer quelqu'un dans une cité universitaire qu'elle me pointa du doigt. Aussitôt, ralentissant sur la voie d'accélération, je stationnai à la centrale de pompage *Tradex*, à quelques pas du lieu qui m'avait été indiqué. Nous entrâmes donc dans un immeuble de deux niveaux, se dirigeant subséquemment au premier, vers le studio du fond. La pièce centrale du local était entièrement vide, excepté un grand canapé un peu émoussé et effrité, quelques chaises en plastique, et la tablette en verre encombrée de livres universitaires, laissant facilement déduire que les locataires étaient des étudiants de l'université de Soa. Je ne m'étais pas trompé à ce propos.

En effet, lorsque Georges, le propriétaire des lieux, vint nous accueillir avec un large sourire au seuil de la porte centrale, Léa le présenta comme un étudiant de cycle master en droit économique à Yaoundé II. Il partageait le local avec deux autres de ses camarades, afin d'alléger les dépenses. Je pensais à ce moment précis qu'on devait le prendre et continuer aussitôt ; mais ce dernier s'empressa de ranger les documents en piles qu'il posa au sol, avant d'étaler la nappe enfouie dans les coussins inondant le sofa. Il courut après dans une pièce annexe, pour revenir avec trois plats de riz « sauté », qu'il déposa sur le meuble. Avant même que l'envie ne me vienne de décliner poliment ce repas, Léa me lança un joli petit sourire lourd de signification, qui me fit garder le silence. Georges fit une prière, pendant laquelle je sentis inexplicablement ma bouche s'alourdir, comme si il m'était désormais formellement interdit de parler. Tout d'un coup, mes idées étaient confuses ; toute ma préparation de la matinée, les versets bibliques, les tournures de phrases, s'entremêlant présentement dans un désordre inextricable. De ce fait, c'est dans le calme total que nous primes le modeste repas, par ailleurs très bien préparée, ne manquant pas de féliciter le cuisinier.

À la fin de celui-ci, l'étudiant pris un visage grave, puis me dit en me fixant droit dans les yeux : « Mon frère, méfie-toi des réprimandes de l'Eternel. Une fois, deux fois, trois fois, il te parle, mais tu fais toujours fi de l'ignorer. Saches donc aujourd'hui qu'il n'est pas lent à agir, mais s'il te fait grâce jusqu'à présent, c'est parce qu'il t'aime, désirant que tu te repentes, que tu abandonnes la voie tortueuse dans laquelle tu as longtemps marché, pour le dessein que tu es appelé à accomplir et pour lequel il t'a formé. Il n'est pas encore trop tard. Tu peux toujours renoncer à la nature trompeuse de la richesse et des honneurs de ce monde, afin de te consacrer véritablement au service de Dieu. Il t'a appelé à la prédication d'un seul

Evangile : la Croix. Mais, fauché par l'élévation des hommes, tu as abandonné la simplicité de Jésus-Christ pour la dissolution. » Ô bon monsieur ! A ce moment précis, j'aurais pu être sauvé si j'avais fait le bon choix. Mais je réagis selon ma chair, scellant une bonne fois pour toute ma destinée. En effet, saisi d'une grande colère, je balançais le plateau de riz sur le jeune homme qui se recroquevilla sur lui-même, et ce fut par grâce que je ne le rouai de coups de poings, me levant et prenant la route de l'extérieur.

Cependant, Sinelle, jouant son va-tout, m'empoigna de toutes ses forces, essayant de me faire rester sur place. Sa face était peinte d'une ténébreuse tristesse, embuée de larmes. À genoux, elle baissa les yeux, puis me dit d'un timbre implorant : « Une quinzaine de minutes. Voilà le temps qu'a duré notre culte. Sans aucune louange de chorale, ni prédication de pasteur, dans le lieu et les conditions les plus atypiques qui puissent être pour ce genre d'exercice. Toutefois, c'est dans les choses simples et sincères que se manifeste souvent la puissante agissante de l'Esprit de Dieu. Un culte est en fait tout ce qui peut servir à l'édification, à la construction de ceux qui nous entourent. Dans un transport public, on peut rendre culte à Dieu en partageant la Parole, dans un coin de rue aussi, en aidant un nécessiteux, ou encore lorsqu'on est seul et que personne ne nous voit, en restant fidèle à Dieu dans toutes nos œuvres. Cependant, construire n'est pas seulement élever, mais peut aussi être détruire le mauvais fondement, pour rebâtir le bon dessus. En vérité, je n'ai rien oublié. Je me souviens encore, comme si c'était hier, de notre rencontre dans ce parc public bondé de monde. Avant même de t'avoir connu, notre Seigneur m'avait permis de t'aimer de son amour, de partager ta peine. Il m'avait permis de discerner le bon en toi, me confiant la mission d'intercéder pour toi par le jeûne et la prière. C'est pourquoi, il a jugé bon de nous séparer pendant ce bout de temps, afin que je me consacre pleinement à cette tâche. Je devais alors prouver mon désir sincère de te voir libérer de tes soucis, de la servitude religieuse, par les restrictions et les prières continuelles à ton égard. J'ai sincèrement pensé être exaucé au moment où il nous a permis de nous revoir, convaincu que Dieu à présent voulais te faire changer. J'étais joyeuse qu'il en fût ainsi ; mais bien plus anxieuse, face à la bonté de Dieu ; car, si à présent il te tendait sa main, il était inéluctable qu'en cas de résistance, de refus de la saisir, se serait la mort. Sois en sûr, rien n'était programmé. Georges et moi auparavant n'avions jamais partagé ton histoire, et ce n'est que d'une façon platonique que j'ai eu jusqu'à présent l'occasion de lui parler de toi. Notre Seigneur a juste saisi la circonstance, comme il le fait dans les assemblées lui appartenant véritablement dans le monde, inspirant des louanges, des cantiques, des enseignements, ou encore des prophéties à chacun, selon son bon vouloir, pour la croissance mutuelle, comme cela a été le cas aujourd'hui. Je t'en conjure, par toutes les compassions de Jésus qui te parle jusqu'à présent dans ton cœur, ne méprise pas cette prophétie. Accepte d'être brisé, ne résiste plus à sa voix. Cette main d'enfant qui te presse à rester en ce lieu, cette faible supplication, cette présence quasiment imperceptible et triste jusqu'à la mort, est celle de Jésus, de l'amour de Dieu. S'il te plait, n'endurcis plus ton cœur, mais répond lui favorablement ; ne te soucis pas du qu'en-dira-t-on, des moqueries des hommes et de leurs regards réprobateurs, de l'austérité qui en découdra. Je peux t'assurer que dans les moments de traversée du désert, d'humiliation et de brisement, abandonné de tous, celui qui a décidé de te mettre à part pour son service ne te délaissera pas, car il est fidèle. »

Je balançais alors violemment la main de la jeune fille, qui s'écroula au sol en sanglots ; avant de les maudire en qualité d'homme de Dieu, ordonnant que le ciel soit d'airain au-dessus de leurs têtes. A présent, une haine colérique avait empli mon cœur, enténébrant ces nouveaux sentiments que la lumière bienfaitrice accompagnant Léa avait commencé à me transmettre. Je m'étais convaincu qu'elle avait donné toutes les informations nécessaires sur ma vie à Georges, dans le but d'échafauder cette fausse prophétie de toutes pièces. Il était treize heures et quart. Et l'irritation qui grandissait en moi s'était mise à me dévorer de l'intérieur. Dans ce genre d'état, mon remède miracle était une soirée, en compagnie de l'une de mes maitresses sélectionnée à la volée, dans le secret de l'un des hôtels en périphérie de la capitale, dans lesquels j'étais enregistré sous un pseudonyme. Roulant à vive allure sur l'axe centrale sans ceinture de sécurité, afin de rapidement rejoindre le centre-ville et m'éloigner le plus loin possible de ces fauteurs de troubles, j'essayai de prendre mon téléphone portable dans le coffret du véhicule. Aussi, je ne vis ni le panneau de limitation de vitesse au niveau du *Carrefour Boulangerie Socropole*, ni le camion des *Brasseries du Cameroun* manœuvrant en face d'*Amical Bar*. Un moment d'inattention, puis une réaction instinctive qui me fit freiner brusquement. Les derniers bruits qui me parvinrent furent les cris de terreurs des spectateurs de la scène, en même temps que le crissement des pneus de mon véhicule ; puis tout devint noir.

CHAPITRE V

Dans le bar du Bureau Camerounais de voyages présentement désert, dont le portail mécanique de l'entrée centrale était à moitié fermé, régnait un calme absolu ; comme si tout à coup le monde alentour n'existait plus. Le barman enjoué avait quant à lui disparu, évaporé dans la nature. C'était le genre d'atmosphère crispante, face à laquelle la frayeur d'être impuissant et vulnérable nous envahissait, nous soumettant fatalement à l'emprise totale du narrateur de l'histoire, et des changements anormaux autour de soi. Toutes les tables avaient été nettoyées et démontées, rangées dans le magasin. Mekele et l'homme mystérieux n'étaient plus que deux sur terre ; et même le bruit des klaxons de véhicules s'était estompé. Le vieil homme, après avoir lapé le goulot de son verre, toussota bruyamment, avant de se décider à défaire enfin l'écharpe tricolore qu'il portait, laissant découvrir son cou. À ce moment précis, Marion sourit, le regard vide, comme perdu dans ses pensées, amenant son vis-à-vis à s'exprimer.

- Ô bon monsieur, qu'est-ce qui vous fait sourire ? demanda alors le clochard d'une voix que Mekele trouvait de plus en plus familière
- Juste un pressentiment. En fait, j'ai comme l'impression de vous connaître. Si j'ai souri, c'est parce que j'ai remarqué sur votre cou une marque caractéristique, m'évoquant des souvenirs.
- Lesquels ?
- C'est une longue histoire. Voilà, il y a des décennies de cela, alors que je n'étais qu'un enfant au cœur innocent, j'avais un chien du nom de papaye. C'était un animal doux et paisible, avec lequel j'avais grandi, ne manquant jamais de l'entretenir, et de le couvrir de toute mon affection. Je devais avoir quatre ans lorsque cette blessure en forme de huit me fut faite. C'était dans l'après-midi, à mon retour des classes, faisant l'école maternelle au complexe scolaire de la Retraite. Mon chien aboyait de façon inhabituelle, ce qui me poussa à me diriger vers sa niche, avant même de ranger mon cartable. Lorsque je l'ouvris, je ne reconnus pas papaye, mon ami fidèle, son regard devenu terrifiant, bestial. Ce dernier bondit à brûle-pourpoint sur moi ; et ce fut uniquement grâce aux bretelles de mon sac, se pliant sous la pression de sa gueule, qu'il ne me broyait la gorge.

Sur le coup, et sans attendre une seconde, le chauffeur me retira rapidement de ses griffes, se réfugiant avec moi dans le véhicule. Quand mon père descendit, alerté par le conducteur, sans réfléchir, ce dernier dégaina son browning, et abattit l'animal. Le cou en sang, alors qu'il me transportait à la hâte pour l'hôpital, ce qu'il me dit se grava en moi, et fit désormais partie intégrante de mes principes cardinaux de vie. Le monde était une jungle, dans laquelle seuls les plus forts s'en sortaient. Ici-bas, donner de l'attention, être affectueux, croire ou avoir confiance en l'autre, était simplement chercher à se détruire prématurément. Aussi, pour vivre longtemps et avoir des jours heureux, il fallait être celui au-dessus des autres, celui qui exerçait l'autorité sur la masse, lui dictant sa façon de penser et de se conduire. L'amour, la compassion, la miséricorde et tout ce qui était vertueux, n'étaient rien d'autre que des notions livresques, mais qui pouvaient être profitables pour les plus habiles, une fois qu'on les avait transformé en armes persuasives, pour la soumission des faibles, des vulnérables et des affligés à notre cause. Il était alors possible de profiter de ce sentiment de compréhension et d'acceptation, que suscitaient les paroles de la bible dans leurs cœurs, afin de les assujettir. Le monde était ainsi fait. L'homme devenait Dieu pour son prochain, au moment où, supérieur à la moyenne, il réussissait à être le représentant d'une idée, qui dominait sur les autres.

- Je ne comprends pas, Ô bon monsieur, dit le vieil homme, avec une telle conviction à la limite de l'oppression, comment faites-vous pour être l'homme de Dieu que vous êtes ?
- Je suis une autorité établie par Dieu sur ses brebis. En cela, je ne suis responsable de mes faits et gestes que devant ses dignes représentants sur terre, ceux ayant reçus mandats de le servir ; en occurrence, les pasteurs et anciens m'ayant transmis l'onction. Les fidèles ont pour devoir d'écouter ce que je dis, et non de faire ce que je fais. Ils sont bénis par mes paroles, par ce que je leur enseigne ; et ainsi, peuvent par conséquent hériter du salut. Par notre concours, la récompense de la vie éternelle est donnée aux membres de l'église toute entière ; raison pour laquelle, sur cette terre, nous avons droit de regard sur leurs biens physiques.
- Que d'orgueil et de vanité, Ô bon monsieur ! La perfection de la croix, le témoignage de Jésus Christ, ne nous enseigne-t-il pas le brisement au lieu de l'élévation ?

Suite à cette remarque désobligeante, Mekele se leva alors dans tous ses états, prêt à prendre congé de son interlocuteur pour une seconde fois.
- Je n'ai aucun reproche à recevoir d'un va-nu-pieds tel que vous, aux histoires abracadabrantesques, échafaudées pour titiller la sensibilité des auditeurs, et par conséquent inciter à l'aumône ! Je suis pasteur de l'église *The Gift of Heaven*, l'une des plus grandes communautés chrétiennes de la place, avec des centaines de milliers de fidèles, capables de vendre père et mère sur mes instructions !
- Je me reconnais bien là, soupira le loqueteux.

Mekele, au seuil de la porte de sortie de l'édifice, resta figé à l'écoute de ce timbre vocal, qu'il avait cette fois-ci clairement reconnu : c'était le sien. Tous les poils du corps hérissés, et le cœur battant tels de violents coups de béliers à intermittences irrégulières, il se retourna machinalement. À présent, son hôte s'était décoiffé, ôtant son bonnet et laissant apparaitre un Marion vieilli, en plus d'être sale, malheureux et pitoyable. Cette vision cauchemardesque l'anéanti totalement, le gardant dans l'hébètement complet. C'est alors que son autre moi reprit la parole et dit :

- Je me souviens de ce jour de novembre, à la sortie des classes, alors que j'étais à la SIL, fréquentant au complexe scolaire de la retraite. Papaye avait instinctivement bondit sur moi, réagissant tout simplement comme un animal sentant le danger. Il avait violemment agis, et avait peut-être mérité son châtiment subséquent. Mais par ailleurs, je me rappelle aussi de la cause de son excitation ; ces inconnues que papaye ne connaissait pas, venant à la maison, et restant dans la chambre de papa quand ma mère n'était pas là. Je me rappelle de son regard implorant miséricorde, comme plein de remord. Ses yeux, à ce moment-là avaient alors comme quelque chose d'humain. Le sentiment qu'il me partagea à l'instant, fit en sorte que je ne lui en veuille pas, prêt à lui pardonner et à continuer de prendre soin de lui.

  Malheureusement, profitant de l'occasion, d'innocent et de naïf que j'étais, je fus instruit par mon papa à quelque chose d'autre, une réalité basée sur la méchanceté et l'apathie. Nul n'est parfait. Nous sommes tous faibles ; raison pour laquelle nous avons besoin d'être épaulés, encouragés, aidés, en un seul mot, aimés. C'est le pourquoi de la grâce divine, accomplissant en nous la plus belle communion qui puisse exister, à savoir la réconciliation de la créature d'avec son Créateur. Pour nous, elle nous a permis d'aimer, et de voir à travers le prisme d'un condamné à mort jugé sur l'abomination de ses actes, notre propre image honteuse du passé, lorsque nous étions dans l'ignorance, esclaves du mal ; nous, amenant ainsi à œuvrer de toutes nos forces pour lui accorder une seconde chance, une occasion de changement, en lui donnant par nos vies et nos paroles les fruits de l'Esprit.

- Où sommes-nous ? Demanda alors Mekele, tremblant comme une feuille morte.
- Je ne peux te répondre. Depuis mon accident de circulation, j'erre sans aucun point de repère. A partir de ce mauvais choix que je fis en face de Léa et son ami, je suis un vieil homme en décrépitude, hanté par les regrets et les douleurs, implorant le ciel de lui offrir une possibilité de rédemption, comme le riche de la parabole de Lazare. Aujourd'hui, je sais et je suis convaincu qu'il n'existe qu'un seul et unique chemin de la vie, à savoir Jésus-Christ. Il ne s'agit pas de la croyance en un nom, dans des prières stéréotypées, mais dans le renoncement à notre ancienne vie, à l'abandon et à la soumission à l'autorité de la Parole de Dieu. Il faut tout délaisser, nos ambitions, notre avenir, nos familles, nos amis, pour rechercher quotidiennement, plus que tout autre chose, l'intimité parfaite avec Dieu par son Esprit, en sacrifiant notre temps, nos forces et les membres de notre corps à sa volonté pressante en nous, qui nous parle par la pureté, la laissant prier, jeuner, évangéliser par la prédication de la croix, ceci par notre intermédiaire. Mais bien que je sache ces choses, pour moi, il est trop tard.
- Alors nous sommes perdus ! renchérit un Mekele sanglotant.
- Tout n'est pas perdu, lui lança sa vieillesse, il y a encore de l'espoir. Et si Dieu essayait présentement de nous parler ? Notre créateur en effet, nous parle tantôt d'une façon, tantôt d'une autre, mais on n'y prend point garde. Et si cette vision onirique n'était qu'un canal utilisé par Dieu pour communiquer avec nous ? Et si, voyant notre incrédulité et notre impénitence dans la réalité, il essayait de s'adresser à nous par le langage propre à l'âme ? Dieu nous aime, et en tout temps, nous exhorte à revenir à lui. Endormi, il nous projette souvent dans le futur, nous montrant les conséquences de nos actes et de nos choix, dans le but soit de nous encourager, soit de nous décourager. A d'autres occasions, nous pouvons aussi nous retrouver dans le passé, afin de panser les plaies devenues purulentes, et qui ont fini par gangrener notre existence. Maintenant, la question n'est pas de savoir où nous nous trouvons ; mais plutôt, qu'est-ce

qu'il y a lieu de faire. En effet, à présent que Dieu t'a permis de plonger le regard dans ton futur dégoutant, qu'il t'a autorisé à revoir dans ton passé la cause de ton insensibilité, que feras-tu ? N'oublies jamais qu'une correction sévère menace celui qui abandonne le sentier ; et que celui qui hait la réprimande mourra.

Soudain, une profonde obscurité, tellement épaisse qu'on pouvait la saisir des mains, les enveloppa ; et le jeune homme ne vit plus rien. Puis, ce fut comme si il lévitait, quittant d'une réalité pour une autre, du monde astral pour celui physique. Essayant de revenir à la vie, il se mit à crier dans le vide, sa voix n'ayant aucun écho. Mais progressivement, le voile se mit à se dissiper, et Mekele recouvra petit à petit la vue et la parole. Et ce fut pour lui un véritable soulagement, lorsqu'il se rendit compte qu'il avait rêvé. Le jeune homme dégoulinait alors de sueur et tremblotait encore fiévreusement, dans l'obscurité de la chambre princière de son appartement du quartier Santa Barbara. Le rêve était encore bien présent dans son esprit, aussi limpide et vivant que la réalité elle-même. Des larmes chaudes interminables perlaient sur son visage recouvert de frayeur, ne faisant qu'attester de la véracité de son expérience hors du commun.

Mekele Marion rassembla alors toutes les forces qu'il lui restait, et atteint la table de chevet, où se trouvait son agenda. Nous étions le douzième jour du mois d'Aout, et il avait en cette journée un emploi du temps très chargé, constitué de quatre réunions sur le leadership, avec dans l'après-midi, une rencontre d'affaire, réunissant certains de leurs partenaires financiers, dans le cadre de la réfection d'un tronçon de route sur l'axe Yaoundé-Douala. Marion savait ce qu'il lui restait à faire. Et à ce moment, il sourit au plus profond de lui-même, dans son âme, comprenant qu'il ne s'agissait plus de choix, mais plutôt d'obéissance et de soumission aveugle, de vie sacrificielle à l'autorité que son cœur avait présentement résolu de suivre. Peu importe ce que ses parents penseraient ; peu importe l'incompréhension, les murmures, les calomnies, les moqueries, il s'était décidé à rompre avec son passé, et à ne plus décevoir son futur. C'est alors, à ce moment précis, à l'instant où Marion ressentit la douleur incompréhensiblement heureuse de la croix, ce contraste dépassant l'entendement humain entre la meurtrissure de la chair et la joie de l'Esprit, cette première marche ouvrant le chemin vers la perfection que procurait le témoignage de Jésus-Christ, qu'il se sentit vivre. **F I N**

Oui, je veux morebooks!

I want morebooks!

Buy your books fast and straightforward online - at one of the world's fastest growing online book stores! Environmentally sound due to Print-on-Demand technologies.

Buy your books online at
www.get-morebooks.com

Achetez vos livres en ligne, vite et bien, sur l'une des librairies en ligne les plus performantes au monde!
En protégeant nos ressources et notre environnement grâce à l'impression à la demande.

La librairie en ligne pour acheter plus vite
www.morebooks.fr

OmniScriptum Marketing DEU GmbH
Heinrich-Böcking-Str. 6-8
D - 66121 Saarbrücken
Telefax: +49 681 93 81 567-9

info@omniscriptum.com
www.omniscriptum.com

www.ingramcontent.com/pod-product-compliance
Lightning Source LLC
Chambersburg PA
CBHW031243160426

43195CB00009BA/582